地方旅游 城市复兴

熱海の奇跡

以创新型街区建设带动全城发展

[日] 市来广一郎 著
王润芳 译

人民东方出版传媒
People's Oriental Publishing & Media
东方出版社
The Oriental Press

图字：01-2022-1754 号

ATAMI NO KISEKI by Koichiro Ichiki
Copyright © 2018 Koichiro Ichiki
All rights reserved.
Original Japanese edition published by TOYO KEIZAI INC.

Simplified Chinese translation copyright © 2022 by Oriental Press
This Simplified Chinese edition published by arrangement with TOYO KEIZAI INC., Tokyo, through Hanhe International(HK) Co., Ltd.

中文简体字版专有权属东方出版社

图书在版编目（CIP）数据

地方旅游城市复兴：以创新型街区建设带动全城发展 /（日）市来广一郎 著；王润芳 译. —北京：东方出版社，2024.1
（世界新农丛书）
ISBN 978-7-5207-3412-7

Ⅰ.①地… Ⅱ.①市… ②王… Ⅲ.①城市旅游—旅游业发展—研究—日本 Ⅳ.①F593.13

中国国家版本馆 CIP 数据核字（2023）第 064853 号

地方旅游城市复兴：以创新型街区建设带动全城发展
(DIFANG LÜYOU CHENGSHI FUXING: YI CHUANGXINXING JIEQU JIANSHE DAIDONG QUANCHENG FAZHAN)

作　　者：	［日］市来广一郎
译　　者：	王润芳
责任编辑：	申　浩
出　　版：	东方出版社
发　　行：	人民东方出版传媒有限公司
地　　址：	北京市东城区朝阳门内大街 166 号
邮　　编：	100010
印　　刷：	北京汇林印务有限公司
版　　次：	2024 年 1 月第 1 版
印　　次：	2024 年 1 月第 1 次印刷
开　　本：	880 毫米×1230 毫米　1/32
印　　张：	6.25
字　　数：	110 千字
书　　号：	ISBN 978-7-5207-3412-7
定　　价：	49.00 元

发行电话：(010) 85924663　85924644　85924641

版权所有，违者必究

如有印装质量问题，我社负责调换，请拨打电话：(010) 85924602　85924603

"世界新农"丛书专家委员会

（按姓氏汉语拼音排序）

才　胜	中国农业大学工学院，硕士生导师
陈　林	首辅智库学术委员会副主任委员
陈　猛	厦门大学环境与生态学院教授
陈能场	广东省科学院生态环境与土壤研究所研究员，中国土壤学会科普工作委员会主任
陈统奎	《南风窗》杂志前高级记者、全国返乡论坛发起人、6次产业家社群营造者、火山村荔枝创始人
冯开文	中国农业大学经济管理学院教授
谷登斌	河南丰德康种业股份有限公司总经理、研究员，第四届国家农作物品种审定委员会委员
侯宏伟	河南师范大学商学院MBA教育中心办公室主任，硕士生导师
胡　霞	中国人民大学经济学院教授，博士生导师
宋金文	北京外国语大学北京日本学研究中心教授
仝志辉	中国人民大学农业与农村发展学院教授，中国人民大学乡村治理研究中心主任
徐祥临	中共中央党校高端智库深化农村改革项目首席专家，经济学教授、博士生导师，首辅智库三位一体合作经济研究院院长
杨尚东	广西大学农学院教授
张耀文	德国国际合作机构（GIZ）职业教育与劳动力市场高级顾问
周维宏	北京外国语大学北京日本学研究中心教授，博士生导师

出版者的话

在中国共产党第二十次全国代表大会开幕会上,习近平总书记指出要全面推进乡村振兴,坚持农业农村优先发展,巩固拓展脱贫攻坚成果,加快建设农业强国,扎实推动乡村产业、人才、文化、生态、组织振兴,全方位夯实粮食安全根基,牢牢守住十八亿亩耕地红线,确保中国人的饭碗牢牢端在自己手中。

乡村振兴战略的提出,让农业成为有奔头的产业,让农民成为有吸引力的职业,让农村成为安居乐业的美丽家园。近几年,大学生、打工农民、退役军人、工商业企业主等人群回乡创业,成为一种潮流;社会各方面的视角也在向广袤的农村聚焦;脱贫攻坚、乡村振兴,农民的生活和农村的发展成为当下最热门的话题之一。

作为出版人,我们有责任以出版相关图书的方式,为国家战略的实施添砖加瓦,为农村创业者、从业者予以知识支持。从2021年开始,我们与"三农"领域诸多研究者、管理者、创业者、实践者、媒体人等反复沟通,并进行了深入调研,最终决定出版"世界新农"丛书。本套丛书定位于"促进农业产业升级、推广新农人的成功案例和促进新农村建设"等方面,着重在一个"新"字,从新农业、新农村、新农人、新农经、新理念、新生活、新农旅等多个角度,从全球范围内精心挑选各语种优秀"三农"读物。

他山之石,可以攻玉。我们重点关注日本的优秀选题。日本与我国同属东亚,是小农经济占优势的国家,两国在农业、农村发展的自然禀赋、基础条件、文化背景等方面有许多相同之处。同时，日本也是农业现代化高度发达的国家之一，无论在生产技术还是管理水平上，有多项指标位居世界前列；日本农村发展也进行了长时期探索，解决过多方面问题。因此，学习日本农业现代化的经验对于我国现代农业建设和乡村振兴具有重要意义。

同时，我们也关注欧洲、美国等国家和地区的优质选题，德国、法国、荷兰、以色列、美国等国家的农业经验和技术，都很值得介绍给亟须开阔国际视野的国内"三农"读者。

我们也将在广袤的中国农村大地上寻找实践乡村振兴战略的典型案例、人物和经验，将其纳入"世界新农"丛书中，并在世界范围内公开出版发行，让为中国乡村振兴事业作出贡献的人和事"走出去"，让世界更广泛地了解新时代中国的新农人和新农村。我们还将着眼于新农村中的小城镇建设与发展的经验与教训，在"世界新农"丛书的框架下特别划分出一个小分支——小城镇发展系列，出版相关作品。

本套丛书既从宏观层面介绍 21 世纪世界农业新思潮、新理念、新发展，又从微观层面聚焦农业技术的创新、粮食种植的新经验、农业创业的新方法，以及新农人个体的创造性劳动等，包括与农业密切相关的食品科技进步；既从产业层面为读者解读全球粮食与农业的大趋势，勾画出未来农业发展的总体方向和可行路径，又从企业、产品层面介绍国际知名农业企业经营管理制度和机制、农业项目运营经验等，以期增进读者对"三农"的全方位了解。

我们希望这套"世界新农"丛书，不仅对"三农"问题研究者、农业政策制定者和管理者、乡镇基层干部、农村技术支持单位、政府农业管理者等有参考价值，更希望这套丛书能对诸多相关大学的学科建设和人才培养有所启发。

我们由衷地希望这套丛书成为回乡创业者、新型农业经营主体、新农人，以及有志在农村立业的大学生的参考用书。

我们会用心做好这一套书，希望读者们喜欢。也欢迎读者加入，共同参与，一起为实现乡村振兴的美好蓝图努力。

目　录

序　言　商业思维，重振街区 / 001

第 1 章
废墟般的热海

热海就是 50 年后的日本 / 011

日本第一温泉胜地的全盛期 / 013

转眼衰落的 90 年代 / 015

疗养所关闭 / 017

泡沫经济破灭，背井离乡 / 018

旅游风尚改变了 / 020

追求街区魅力的游客 / 022

第 2 章
民间主导的街区建设重振热海

执着于家乡热海的理由 / 027

迟早回归热海 / 029

旅行中发现热海的可能性 / 030

如此下去大城市和地方都将失去未来 / 031

咨询工作的价值与局限 / 033

发现自己使命的一新私塾 / 035

以街区建设为己任——用实业改变热海 / 037

辞职，投身热海 / 039

返乡 / 041

第3章
街区建设从创造街区粉丝开始

当地人不了解热海 / 045

游客和当地人都对街区不满意 / 047

当地拥有丰富的风土人情 / 049

重建农田——后院团队 / 051

与热海市政府人员的合作 / 053

享受当地风情的体验交流之旅——"温泉魔盒"活动 / 056

我不知道的热海——不断涌现的热海粉丝 / 058

热海生活幸福起来 / 060

当地人的意识变化了 / 062

可能发生趣事的街区——完成任务，进入下个阶段 / 064

第 4 章
创新型街区建设

自行车的两个车轮 / 069

邂逅创新型街区建设创始人清水义次先生 / 071

现代版"管家"——用"创新思维"建设街区 / 072

改造热海的商业中心 / 074

利用商业手段建设街区 / 076

为街区建设创造投资 / 077

株式会社 machimori / 079

补助金存在恶性循环的风险 / 080

街区的核心是不动产所有者 / 082

捕捉街区变化迹象,吸引新的成员 / 083

第 5 章
一个项目掀起变化

聚焦商业中心热海银座 / 087

CAFE RoCA 开业 / 089

初期投资占 1/3 / 092

首先用自己的资金获得成功 / 093

打造非家非职场的第三类场所 / 094

困难重重的两年 / 097

CAFE RoCA 的成功与失败 / 100

目标与得失 / 102

第 6 章

街区粉丝也诞生于商业

招待所"MARUYA" / 107

住惯了热海 / 110

改建招待所的困难 / 112

协助建造招待所的人们 / 114

招待所的资金筹备 / 116

招待所成为两地居住的入口 / 118

热海入境比例低 / 120

发展旅游事业，助力街区建设 / 122

街区人们感受的变化——人是街区的名片 / 124

第 7 章

打造企业蓬勃发展的环境

热海海滨展销会 / 129

以"先斩后奏"的方式获得理解 / 131

创业不断涌现的 naedoco / 134

目 录

第 8 章
描绘蓝图，改变街区

有创意的"而立一代"选择的街区 / 139

工作与生活的中坚力量——而立一代 / 140

打造一个共享愿景的地方 / 142

热海银座开始改变 / 144

青年、女性、老人，多样人群营造多样化氛围 / 147

热海创新型街区建设的未来 / 148

现代版管家的职责——架起地区和创业者的桥梁 / 151

第 9 章
各行各业的参与者打造热海的未来

政府真正行动起来 / 155

街区建设的背景和行政支持 / 158

ATAMI 2030 会议 / 161

创业者的摇篮——"创业支持项目 99℃" / 163

新生管家和创业者 / 165

主动承担风险的不动产所有者 / 167

热海重新崛起背后的新老交替 / 170

正式准备迎接 2030 年 / 173

目标是货真价实的度假区 / 176

结语　城市自立，共同繁荣 / 179

序言　商业思维，重振街区

▶ 历经 50 年衰落，热海重新崛起

从 2014 年开始媒体就纷纷报道，"衰落的热海重新崛起了"，热海也因此再度引起人们的关注。热海位于东京都近郊，作为温泉胜地曾经风光一时。但是，经济飞速发展期之后，这座城市也渐渐衰败。20 世纪末，日本泡沫经济破灭，从此直到 2000 年前后，热海完全销声匿迹。

热海的旅馆、宾馆的入住人数在 1965 年前后达到 530 万人，而 2011 年降至 246 万人，不到原来的一半。

但是，四年后的 2015 年升至 308 万人，短期内迅速增长，增长率超过 20%，所以媒体说热海重新崛起了。

热海重新崛起的外在因素可以列举出以下几点：

第一个因素，一度支撑繁荣局面的大型温泉宾馆停业后，不断涌现出大批廉价宾馆。这缘于观光酒店集团捕捉到顾客的需求变化而迅速发展起来，并在热海铺开业务。日本在泡沫经济破灭之后陷入了长期的不景气，就在感觉要走出低谷的时候又发生了雷曼危机。因此，人们的旅游方式确实发生了变化，开始追求"便宜、就近、短期"的方式。这就是说，住在大城市里的人们只在费用低廉的近郊短期游玩。热海以往的大型温泉

宾馆被价格相对便宜的连锁宾馆取代,这一点表明了人们需求的变化。

第二个因素是2007年前后开始,团块世代(专指日本1947年到1949年之间出生高峰期的一代)陆续退休,很多人想要移居热海。许多别墅在热海拔地而起,许多度假公寓取代了以前的旅馆、酒店。在这一趋势下,热海的新居民多起来。所以,不是观光激活了经济,而是城市居民拉动了热海内需。

但是,仅仅这两个外在因素未必能重振热海。

▶ 观光白皮书中提到的民间力量

2017年观光厅公布的观光白皮书中,把热海作为旅游城市重新崛起的范例提出来。观光白皮书中指出,热海的重新崛起是得益于政府、民间参与者们的努力与尝试,可以总结出以下三个要素。

①对财政危机等危机意识有共识,支持市长牵头的旅游政策。

②旅游行业相关人员对统一宣传的必要性达成共识,新顾客群体锁定年轻人。

③积极的民间参与者在住宿设施的改建与文化内涵设定方面都考虑到散客的感受。

其中,关于③有这样的阐述:"在民间层面上,住宿业积极地改造住宿设施,满足不同旅行方式的需求,返乡者建立的NPO法人不断推动魅力热海文化的发展。总之,以往的旅游业界人士以及返乡者成为核心,他们又召集新的参与者,联手政府共建旅游城市的软硬件，几方通力合作，热海正在发生翻天覆地的变化。"

白皮书中提到的"返乡者创建的NPO法人"指的就是我们的组织（NPO法人atamista），白皮书也对我们的组织活动进行了更为深入的阐述。

- **返乡者（NPO法人atamista）创建魅力热海文化**

充分利用热海的城市、农业、海洋、自然、历史、健康等资源，为居民、别墅业主、游客提供体验交流型活动（温泉魔盒活动）。

株式会社machimori（NPO法人atamista的分公司）对热海中心商业街的闲置商铺进行改造，经营起咖啡厅、招待所等。

以上这些都是热海振兴方案，观光厅公开高度评价了我们的工作，"为热海的重新崛起作出了贡献"。也就是说，从民间小型活动做起也可以改变一座城市。

▶ 商业手段"民间主导型"街区建设

- **使用商业手段，使城市充满活力**

如果从民间角度简单梳理振兴热海的过程，我可以这样来表述：

我们亲手创建了从事热海街区建设工作的民间企业，大家全力以赴，振兴热海。我们的街区建设不依靠税收，而是自己赚钱，再投资到街区，创新事业，吸引外资，促进经济循环。

我们要振兴热海，重建当地的街区，把地区文化传递给下一代，保护当地的自然景观。

这些想法非常重要。但是，街区建设如果不与经济发展相结合，衰落的街区就无法重新崛起。

而且，与经济发展相结合也不仅仅是增加人口、增加游客这么简单。创新事业，提供人气商品和高端服务，提升城市自身魅力，储备经济实力。只有这样，才能实现街区持续繁荣。

虽说要用商业手段恢复街区活力，但是并非不需要政府的支持与合作。政府可以发挥它的独特作用。当然，绝不是说政府是街区建设的主体。因为我们的街区本来就是应该由我们自己建设的。况且政府部门也不擅长赚钱。旅游和街区建设领域原本就是街区的赚钱途径，在此赚到的钱以税金形式缴纳，从而把福利、教育等行政服务变为可能。所以，归根结底街区建设应该是由民间主导的。

我们的信念是："我们自己的生活自己做主，自己的街区自己建设。"要想把这项事业持续发展下去就必须与金钱挂钩。

▶ 改造热海的街区

热海和全国许多深陷衰落危机的地方城市相同，商业街上遍布着停业的店铺。十多年没用的卷帘门一直关着，大街上行人寥寥无几。

我们想把热海满是空店铺的中心街区重建起来。我们运用的就是"创新型街区建设"方法。

有人把创新与建筑翻新等同起来，但是，"创新"不是单纯地把旧物重新装扮漂亮，而是用新的价值观重新审视，使之产生新的魅力再加以使用。

创新型街区建设就是充分利用闲置的资源，发现其新价值，以此重建街区的策略。

创新型街区建设是利用街区独特的文化，给旧物赋予新价值的经济活动。通过创新增加街区文化的魅力。而且，居民们能够享受自己的生活，从而扩大内需，并且，我们也希望外来游客增加，从而赚到外面的钱。

总之，重新审视自己的街区文化，提升其魅力，增强经济实力，使城市保持持续活力。为此，非常重要的一点就是要有能够创造新价值的人才。

在创新型街区建设中最关键的是吸引商户用新价值观振兴旧店。所以，为了重振商业中心，我们的愿景是"有创意的'而立一代'选择的街区"。

我们首先亲自改建了闲置店铺，开设咖啡厅，把这里打造成了具有当地特色的聚会交流的场所。

于是，当地有兴趣有愿望的人们被新的项目吸引，开始汇集到此。我们又经营起招待所，外来的有兴趣的年轻人可以居住，把这里作为基地，街区的人流动起来，移居热海的人也开始出现。受到这些变化的影响，想在这个街区开店的人陆续在曾经萧条的商业街利用闲置店铺开启了各自的事业。

于是，热海开始出现了变化。

无论旅游行业还是行政部门，大家都对我们提出的"创新型街区建设"的意义表示赞同，并且给予积极的支持与协助。

热海市的行政人员、观光协会、商工会议所、旅馆工会的人员，NPO、市民活动团体的成员，以及移居到热海的老人、青年、农民、渔民等都来协助我们。正是因为有各行各业人们的理解、支持与合作，以及大家的共同努力，才得以促成我们的工作顺利完成。

常常有人问我："你们是怎样吸引了那么多人的？"我的答案是："宏伟的计划和微小的一步。"不知道这个回答能否满足提问者，但我一直把它谨记在心。尽管短期内步伐无法变大，不能吸引很多人，但是就像爬楼梯一样，一步步积累下来，就会爬得越来越高。人渐渐多起来，新的街区就建立起来了。

在整个过程中，出现了热海街区的粉丝，他们又成为街区建设的支持者，进而成为参与者。就这样，街区建设的中坚力量不断涌现。

▶ 商业手段适用于全日本街区建设

在本书中我尽可能讲述了我们在热海积累的所有经验。利用商业手段建设街区并不仅限在热海使用，全日本的任何地区都可以尝试。因为从前热海的衰落和日本各个地方城市的衰落具有相似性。

首先，热海的衰落与日本全国温泉胜地的衰落有着共同的原因。经济飞速发展期盛行的团队旅游和公司的团建旅游骤减，以个人和家庭为单位的旅游成为主流。所以，以往的温泉胜地无法满足游客的需求。这种情况不仅限于热海，日本全国的温泉胜地都是如此。

其次，热海的商业中心逐渐失去了人流，店铺纷纷关门。与其说是温泉胜地的衰落，不如说是全国地方城市逐渐走向衰落的信号。以卷帘门街（商铺的卷帘门紧闭，以此代指萧条的商业街）为代表的地方城市的衰落，长期以来人们往往认为是人口减少造成的。但是，最近努力搞活地方城市的人们逐渐认识到，比起人口减少，城市自身魅力的缺失才是问题所在。我们也赞同这种想法。而且，我们的解决方法就是运用"创新型街区建设"手段，使萧条的商业街重焕生机。

这些工作并不是等待下去就能有人去做的，只能是发现了问题的人主动去做。我们发现了街区的问题，所以就从问题入手开始了重建工作。仅仅一个人确实做不了惊天动地的大事，但是，一个人是可以开始的。只要坚持下去，街区就会发生改变。

希望我们的经验能够对大家重振街区起到作用。我们坚信，日本地方城市一定能够焕发生机，摆脱衰落，恢复元气。

第 1 章

废墟般的热海

热海就是 50 年后的日本

现在,全日本到处都有正在走向衰落的街区,热海预演了一遍日本的未来。人口减少、老龄化严重,热海的这些问题比日本平均水平提早了 50 年。大家都说日本是世界范围内的各种社会问题比较突出的"问题发达国",那么热海就是日本境内问题尤为严重的"问题发达地区"。

热海位于东京附近,而且是著名的温泉胜地,尽管有如此得天独厚的条件,仍然改变不了它问题众多的现实。在热海发生的,未来也会在其他地区发生。

我们来看一组具体数字。

首先是人口减少。日本整体从 2000 年前后开始人口减少,但是热海从半个世纪前就早早陷入人口减少的境地。20 世纪 60 年代的热海人口是 5.4 万人,但是了解当时情况的人说,实际上也有很多人户口没转到热海却在这里居住。所以,当时的实际人口或许是 7 万人,或者超过 8 万人。但是,热海的人口从东京奥运会次年,即 1965 年达到峰值以来,50 年呈持续下滑趋势。之后,2015 年人口减少到 3.8 万人左右,是高峰期人口的 2/3。

其次是老龄化比例上升。现在,日本的老龄化比例是 27%,热海已经达到 45%,并且每年以 1% 的速度持续上涨。热海市内老龄化比例最高的地方恐怕接近 70%,近 3/4 的居民都是 65 岁以上的老人。而且，从各年龄段人口变化情况来看，在热海，40 岁左右的人虽然在增加，但是二三十岁的人在减少。老人增加、年轻人减少，原因是老人搬到热海居住，而年轻人搬出热海。也就是说，热海的老龄化比通常进展速度更快。

再次是空房率。日本全国的平均空房率是 13%，但热海达到 24%。热海人口现在是 3.8 万人左右，住宅数量为 3.8 万户。所以，只看数字的话，可以认为一个婴儿在热海一出生就有了属于自己的房子。

实际上，这个数字没有把热海市内的许多度假公寓的空房和空别墅算在内。每周末来到别墅的人只是少数，一般是几个月都不来。另外，也有不少人有房产却从未来过。

如果把没有人居住的别墅也算在内的话，热海的实际空房率超过 50%，这一数字居全日本榜首。

除了人口减少、老龄化比例高、空房率高之外，热海的最低生活保障率高，出生率低，未婚率高，40 岁左右的死亡率在静冈县居第二位。

由此可见，热海把日本的问题都预演了一遍。实际上，就算不知道这些数字的人，也知道 10 年前热海居民的绝望，简直是"无法躲避黯淡的未来"。

但是，如此衰落的热海也有过繁荣的时代。

第 1 章 废墟般的热海

日本第一温泉胜地的全盛期

从前的热海曾经作为日本温泉胜地的代表而繁荣一时。

20 世纪 60 年代中期到 70 年代前半期入住客人超过 500 万人，热海是公认的日本第一温泉胜地。

比这个繁荣时代稍晚一些，游客依旧很多的时代，我在热海出生了。

我于 1979 年（昭和五十四年）1 月出生在热海的桃山。

热海车站后面的桃山有很多企业疗养所和别墅。我父母担任管理员的某银行疗养所就位于这里。

我的小学时代正值泡沫经济时期，日本经济一片大好。我记得小时候的疗养所总是热闹非凡、充满活力。当时宴会很多，我在团队客人打麻将的地方和客人玩，他们还教我打麻将。附近其他别墅和疗养所也一样，总是有很多客人。

当时是热海企业疗养所的全盛期。热海对于大企业本部集中的首都圈来说是团建旅行、疗养的好地方，距离合适、温泉上好，泡沫经济时期的企业很有经济实力，所以都开设了很多疗养所，利用得也很频繁。

景气的不只是桃山，热海中心地区也同样生意红火。小时候去玩，会看到大街上有很多游客，团队游客一般住在大型温泉酒店。

作为商业中心的热海银座大街非常繁华。我出生前的昭和三四十年代,每个周末这里都是步行街,大街上人山人海,摩肩接踵。

儿时记忆中的热海街区,游客云集,朝气蓬勃。

转眼衰落的 90 年代

进入 20 世纪 90 年代,我上了初中,泡沫经济破灭,从此街区迅速衰落。游客骤减,大街上穿着浴衣的身影星星点点……不景气是显而易见的。

尽管如此,在泡沫经济破灭的初期,不只是上初中的我,大概热海的成年人也没有危机感吧。因为虽然没有了泡沫经济鼎盛期的繁荣,但是依然有团队游客到来。

就在这期间,压死骆驼的最后一棵稻草是地震。

泡沫经济破灭后的 20 世纪 90 年代前半期,每年在伊豆半岛的伊东海上都发生震群(频繁发生小规模地震)。受此影响,游客不再光临热海。

1994 年春天,我升入静冈县立韮山高中,震群基本平息,但是热海的游客却不回来了。当时的我,每当看到人流明显减少而愈加荒凉的街道就非常担忧。

我自己都不记得了,但是据同学讲,我几乎每天都反复念叨"我们必须做点儿什么,否则热海会一直衰落下去"。

就在泡沫经济破灭之后,又发生了阪神淡路大地震、地铁沙林毒气事件。之后,山一证券、北海道拓殖银行破产,这一系列标志着日本经济下滑的事件给我留下了深刻的印象。

我感到至今为止的社会伴随着巨响而瓦解。同期,在热海我们经常听到某某旅馆倒闭、某某半夜逃跑、某某自杀等诸如此类的消息。几年后，映入眼帘的是废墟般的城市街道。

　　身为高中生的我亲眼见证了大街上人烟稀少、失去活力的情景，不由感慨颇多。

疗养所关闭

1997 年我从韮山高中毕业，考入当时的东京都立大学，即现在的首都大学。我在高二之前根本不学习，成绩都是倒数，升入高三之后迷上物理，想要像爱因斯坦那样有一项发现，改变百年后的世界。所以，我立志成为物理学家。物理成绩迅速提高，我考入了第二轮考试只考物理的都立大学。

都立大学位于东京八王子，但是我大一的时候一直从热海通勤上学。因为乘新干线通勤，所以乘坐东海道新干线的回声号（偶尔乘坐在热海停车的光号）到新横滨，换乘横滨线，单程通勤时间需要一个半小时。虽然通勤时间很长，但我爱着热海，所以一直坚持。

上大学之后我发现大家都知道热海这个地方。即使不知道热海在哪个县也会知道热海的名字。一说到自己老家是热海，大家就有了共同话题，对此我真心高兴。从那时起，我就开始意识到热海是我身份的一部分。

回声号车次很少，所以乘新干线通勤还是不方便，于是从大二开始我就在大学附近租房。大二快结束的时候回到家里，从父母那里听到了非常震惊的消息。自我出生以来陪我生活了 20 年的热海疗养所要关闭了。因为银行作为疗养所的所有者在泡沫经济破灭后受困于长期的经济不景气，从合理化的角度考虑决定关闭疗养所。

泡沫经济破灭，背井离乡

实际上早已有关闭的迹象。

桃山地区眼见着衰落，附近的疗养所相继关闭。我小时候，在疗养所的鼎盛期 1989 年，热海市内共有疗养所 544 家。但是，泡沫经济破灭后迅速减少。随着企业业绩下滑，资产被纷纷处理掉。同时，热海的疗养所在那以后不断减少，现在只有 130 多家。

我感受到了萧条，也备感不安。

当时父母担任疗养所管理员的那家银行也因为泡沫经济的善后工作而苦不堪言。有呆账坏账的城市银行纷纷合并，合并后同样的设施就过剩了。事实上，银行合并的结果是我们疗养所的所属银行在热海有好几家疗养所。

因为设施过剩，所以银行合并后就将其关闭、出售，疗养所也不例外。银行合并后，同一银行的疗养所首先被关闭。1999 年，银行决定把我们家长期以来赖以维持生计的疗养所关闭。

我的父母被调到位于横滨市日吉的员工宿舍负责管理工作，全家因此搬到了那里。这样，我在生我养我的热海就没有了家。因为父母是银行雇用的员工，所以接受公司命令，调离热海的疗养所，搬到了日吉的员工宿舍。

这个疗养所是在 1999 年关闭的,当时我 20 岁,恰好在我第一次独自海外旅行归来之后。环游欧洲,我感受到了欧洲社会与日本社会不同的富裕和惬意。因为对我来说非常重要的热海没有了我的家,所以可以说我自己亲身体会了热海的衰落。

与此同时,大型酒店旅馆纷纷关闭。此情此景使我感慨"依靠他人外物的城市非常脆弱。城市规模再小,也要有扎根于当地的人和事业,否则几年内就会瓦解"。

旅游风尚改变了

正如前文所说,全盛时期的热海经过半个世纪衰落了。入住客人减半,人口也快速减少到高峰时期的2/3。

这种衰落不仅限于热海,也是从前繁荣一时的日本温泉胜地的共同现象。在静冈县的伊豆半岛不仅有热海,还有伊东、修善寺等多处著名的温泉胜地。据静冈县的调查,这些温泉胜地的人口减少、老龄化、空房率高等问题都比全国平均水平严重,排名都很糟糕。

而且,这不仅仅是静冈县的温泉胜地的情况,全国都存在类似问题。

那么,为什么日本的温泉胜地都衰落了呢?

以往的旅游已经走到尽头,这是其中一个原因。

在热海的全盛期1965年前后,主要的入住客人是团队游客。首都圈企业的团建旅行也带来了很多团队游客。

这一现象逐渐改变是在20世纪90年代初期,游客真正骤减是在2000年以后。

关于以往温泉胜地衰落的原因,大家常说的是"在大型旅馆、酒店的一栋建筑中,从饮食、娱乐到购买纪念品,一站式服务样样俱全,所以游客们没有机会逛街"。

例如,以前企业的团建旅行就是如此。游客乘新干线到达热海车站，坐接站大巴到旅馆，泡完温泉之后去宴会场地，各种菜肴已经准备就绪，客人们愉快地喝酒，接下来唱卡拉 OK，地点也在酒店里，当天夜里就住在这家酒店。第二天乘坐大巴到车站返回东京。

热海离东京近，像团建旅行这样通过居住一晚的宴会来增进彼此感情的活动，在旅馆、酒店完成一切活动似乎已经足够了。但是实际上，我问过跟随公司旅游来过热海的人，他们往往回答说："我从前常去热海，但是没在大街上逛过，也不记得住在哪里的旅馆。"

进入 2000 年之后，客人对旅游的需求发生了变化。从前那种只在旅馆、酒店住住的旅行已经无法满足客人的需求了。因为当今大家想知道旅行可以体验什么。

追求街区魅力的游客

游客追求的是日常生活中没有的新体验。在温泉胜地，温泉这一要素是日常生活中没有的，但是全日本的温泉胜地都有温泉，从这个意义上说，它也极为普通。所以，仅仅依靠温泉并不足以展现城市的魅力。

吸引游客的重要因素是街区本身的魅力。对游客来说重要的是去了哪个城市、街区，而不是住温泉旅馆。当今时代，漫步在有特色的街区，感受街区的魅力，追求这种体验的游客越来越多。

但是，讽刺的是，热海的街区比起从前游客云集的时代，昔日的魅力已经荡然无存。2000年前后，旅馆、酒店的经营人员曾慨叹："从前的街道那么繁华，现在客人到了街上都没有什么值得一看的地方了。"

20世纪60年代的时候客人很多，在旅馆、酒店里消遣就足以满足大多数客人的需求。时代变了，游客开始追求街区的魅力，而现在我们的街区完全衰败，毫无魅力可言。

游客追求的旅游模式从以往团队游客的宴会接待形式转变为现在的个人、家庭的体验交流形式。这是包括热海在内的所有温泉胜地衰落的根本原因。

我觉得现在很少有人会一晚上支付2万日元，享受从前那种任何温泉胜地都有的旅行模式,只在旅馆里吃吃并非当地特色的宴会菜肴,边吃边娱乐一下就完了。

那么,现在的游客追求的是什么?越来越多的客人入住稍微昂贵一些的郊外旅馆、可以品味当地特色菜肴的旅馆,或者干脆住进不提供餐食的便宜旅馆,把钱花在旅馆以外的观光、饮食上面。

以个人和家庭为单位的旅游增多,所以有些连锁观光酒店提供非常低廉的住宿来增加入住人数。住一晚带两餐,并且餐饮都是自助的形式,每人 7800 日元。这样的成功案例就在热海。

热海人担心游客一旦厌倦了这种低廉的营销方式该如何是好。低廉价格吸引来的游客如果不再光临的话,也会给街区建设带来影响。

所以,温泉胜地的复苏不是依靠降低价格吸引人,而是依靠提高街区魅力吸引人。这才是最为根本的。

地方振兴专家木下齐先生说:"未来的地方城市旅游比起游客数量,更应该重视消费总额。"他还指出,"旅游要从 10 万人花费 1000 日元转变为 1000 人花费 10 万日元",通过这种方式建立小地方的现实的旅游产业,利用地方文化、生活方式赚钱是新型的地方旅游。

现在的我正致力于热海的地方振兴,我从心底与木下先生的意见产生共鸣。我从学生时代起就亲身经历了热海街区的变化,而且我自己也常到各地旅游,感到延续从前的做法无法重振热海。

包括热海在内的日本温泉胜地没能跟上时代变迁所带来的游客需求变化，因此逐渐衰落了。热海从前的盛世繁荣反而束缚了手脚，造成未能迅速转型。

而且，我曾在热海生活，现在偶尔回去，漫步在大街上，会有这样的切身体会。那就是这座城市不是仅凭住一晚、参加个宴会就能了解的。她需要品味，越品越能体会到她的魅力。长期居住，多次造访，才能感受到其内涵。热海不能在从前的延长线上，她需要新人新思路去重振。

想来，或许这就是我重建热海的出发点吧。

第 1 章介绍的"成功要素"

- 了解街区的历史和现状，抓住本质问题。
- 了解客人对街区需求的变化。
- 当今时代追求旅行中的体验。
- 认识到吸引人的重要因素是街区本身的魅力。
- 把握从团队游客的宴会招待形式到个人家庭的体验交流形式的变化。
- 未来的地方城市旅游比起游客数量，更应该重视消费总额。

第 2 章

民间主导的街区建设重振热海

执着于家乡热海的理由

"我想为衰落的热海做点事情。"生在热海长在热海的我离开之后一直这样想。伴随着"尽我之力重振热海"的信念长大成人,"重振热海"的想法一直深深地刻在我的脑海里。

我并非出身于热海的商人家庭,为何如此钟情于热海的重振?其实直到今天连我自己都觉得不可思议,或许有两次经历可以称之为原因。

一个是热海的节日。每年的七月十五、十六日是"热海夏日祭"。这是拥有2000年树龄的大樟树所在地,也是作为能量点而闻名的来宫神社的例行重要祭祀活动。热海的街上平日很少有年轻人,唯有这一天会出现很多年轻人。到外地的年轻人只有这一天回到热海。白天是神舆,晚上从30多个街道涌出彩车,这是热海最热闹的夜晚。

我自己从不缺席这个"夏日祭"。这一天,热海的街区融为一体,即使在衰落的时期也能留下最热烈的记忆……如果没有这个节日的经历,或许我也不会对热海那么执着。

另外,父母和外祖父母与热海有缘也是一个原因。

父母管理的疗养所原本是别墅,从前由我的外祖父母管理。别墅成为银行的疗养所之后,外祖父母就顺理成章地继续管理疗养所。然后,我的母亲一直在那所别墅里生活、成长。

我的父亲 22 岁的时候与母亲结婚，但是一直没有孩子。父亲在东京出生、长大，20 世纪 70 年代前半期到后半期曾在名古屋的金融机构工作。但是，1977 年外祖父母从疗养所退休，借着这个机会，我父母很意外地继承了管理员的工作。

两年后，在父母婚后第 12 年我出生了。又过了 3 年，我有了妹妹，我们似乎给父母带来了一连串惊喜。

这些事情是我在 20 岁的时候才知道的。当时，我有所触动。有时候我会想父母结婚以后如果不在热海生活的话，或许就没有我了吧。因为有了孩子，所以父母就决定一直做管理员的工作。

正如我前面介绍的，20 多年后，我考上大学离开了热海，与此同时，父母也必须离开热海，搬到了横滨。我不由得感到好像一直以来是我把父母和热海连在了一起似的。

至少我的父亲是因为我才和热海的缘分越来越深。父亲在我上初中的时候，就积极地参与家委会活动。在计划于热海建设场外马券销售点的时候，父亲和家委会的成员一起带头反对。父亲一直关心并参与着街区活动。

正是出于这些原因，当疗养所关闭，我们与热海道别的日子最终还是到来的时候，街区的人们为我们举行了盛大的送别会。

这些经历叠加起来，让我感到热海这座小城对我来说是一个特殊的地方。

第2章 民间主导的街区建设重振热海

迟早回归热海

从大学的物理专业毕业后，我升入了研究生院。但是，那时成为物理学家的愿望不再强烈，我想更加直接地参与到社会中。

这个契机就是在疗养所马上要关闭之前我人生当中的首次海外旅行。生平第一次与外国人接触，使我产生了"再多一些旅行，再多一些经历"的想法。

实际上，以往我是怕生的性格，不擅长交流，通过旅行了解了国外的情况，大大开阔了我的视野。

就在海外经历使我产生了巨大改变之后，我做梦都没想到的是从此以后我将不能在故乡热海生活了。后来，我带着一种弥补人生不足的心情频繁旅行。大三的时候，我去父亲的祖籍地鹿儿岛旅行，研一时独自在东北地区露营一周。研二的4月我如愿拿到了PWC（外资咨询公司）的内定，6月为了看世界杯葡萄牙队的比赛，去韩国旅行。

找工作的时候，我认真地思考了"自己想要做什么"。我曾认为日本很富裕，但是从国外回来后，我对每天挤电车的生活是否是真正的富裕产生了怀疑。我开始思考自己真正想做什么，在思考过程中，我的真实想法自然就浮现出来。"未来我还是想回到热海。"

旅行中发现热海的可能性

实际上我拿到内定的时候，咨询行业已经开始重组。从前被称为"七大"的大型咨询公司正在合并，我4月拿到内定的PWC咨询公司也在那年的秋天被合并，变成IBM商务咨询服务公司（现在的日本IBM）。

IBM商务咨询服务公司的入职时间分为两种，一种是日本常规的4月入职，另一种是半年后的10月入职。新职员可以自主选择。想马上工作的人选择了4月入职，我选择了10月，把这半年时间用在了旅行上。

我游览了泰国、印度，又乘坐电车、大巴到土耳其、葡萄牙旅行。我在印度待了一个多月，去了印度人的临终去处——瓦拉纳西古城。在恒河岸边看着火化的遗骸，我的生死观改变了。回到日本后，我开始害怕从前从未在意的事情。

"大家为什么拼命把自己隐藏起来生活呢？"我第一次意识到，很多日本人包括我自己在内在生活当中都隐藏自己的真实情绪，非常在意他人的看法。起初我以为只是一直以来被优等生光环笼罩的我的个人问题，渐渐我发现这不是个人的问题，而是整个社会的问题。

于是我想，"我要打破这种封闭"。怀着这种心情，我于10月入职IBM商务咨询服务公司。

如此下去大城市和地方都将失去未来

我进入公司之后,首先是半年研修,然后在设计保险公司主干业务系统的项目中担当程序员和 SE(系统工程师)。

刚刚步入社会的时候我感觉很累,或许因为每天对着电脑工作,却感受不到是为了谁而工作吧。"设计了这个系统,谁会幸福呢?"这个疑问一直困扰着我。我甚至开始思考为什么要每天工作。或许每天从家到公司两点一线的生活缩小了我的视野。

恰巧在这个时候,在我的私人范畴内发生了一件令我难过的事情——老家的一个朋友自杀了。"为什么他死了?为什么我不死?"半年里我一直在思考这个问题,偶然间我明白了,"活着没有什么理由,只是活着而已,而且人生迟早终结。既然如此,那就干脆做自己想做的事情吧。"我想做的事无非就是重振热海。

但是,我当时没有马上回热海。在那之前,我请了一周的假,去缅甸旅行了。现在想来,半年可以获得一次一周的假期去国外,这样的公司非常好了。我去了缅甸,接触到当地朴实的老百姓,我想,就这样稀里糊涂地在缅甸生活下去也不错。我想要抛下东京的工作和生活,逃离日本,到国外生活,或者回到热海,悠闲地生活。但是,我突然又觉得自己有一种强烈的违和感。

"我在矫情什么呀?"我一边自问一边在心里想了许多。

缅甸人看起来比日本人更有活力,所以我想住在这里,这就是矫情。我在东南亚的旅途中遇到的很多人都没有经济实力去国外旅行。在缅甸遇到的酒店员工月薪只有 10 美元。再反观我自己,接受了研究生教育,从事的工作薪水丰厚,只要自己喜欢随时可以去海外,完全可以按照自己的愿望生活。我的生活是我在亚洲遇到的人们望尘莫及的。但是,我却无病呻吟,说什么羡慕憧憬缅甸的生活,都是些矫情的话。

而且,无论缅甸是个多么好的地方,这样一直发展下去的话,不管是好还是坏的方面,迟早会和日本一样。缅甸也是要发展经济的,大家非常努力,但是发展到一定程度,如果大家都感受不到幸福的话,那么我自然也不幸福。所以,即使住在这个国家,也不能解决任何问题。

既然如此,住在缅甸并不是我该做的事情。

就这样,我得出了结论。

"还是从自己身边的地方去改变吧。我想为热海做些事情,但是现在的自己没有这种能力。那么,现在就从公司里力所能及的事情开始吧。"

咨询工作的价值与局限

我决定把自己的意见在公司内部提出来。"日本经济虽然发展了,但是有人处于焦虑状态,工作的人未必幸福。我们公司的人不也是如此吗?事实上,在做项目的时候有人就很焦虑。我们应该追求一种使人幸福的工作方式。"当我把这种想法说给公司的很多人听的时候,有人仔细倾听,但是也有人说:"我不焦虑,我感到工作有意义、很幸福,不是所有人都焦虑的。别光发牢骚了,赶紧好好工作,拿出业绩来。"我觉得这很正常,如果有具体的项目或工作和这个问题结合起来就好了。

就在这时,有一名和我同时进公司的职员对我说:"现在有一个这样的项目,你参加吗?"这个项目就是工作方式变革。IBM 商务咨询服务公司的工作模式是员工自己主动寻找项目,然后毛遂自荐。正巧这个项目组招人,我马上应聘,被录用了。

于是,2005 年 7 月到第二年的 3 月共 9 个月的时间,我在位于九州福冈县的企业从事该企业的工作方式改革。实际上,关于工作方式变革,我们公司本身从 20 世纪 90 年代起就率先实行了。无纸化办公,所有业务都是以数字化数据方式共享信息,开会的时候不分发纸质资料,充分利用投影仪和监视器。没有固定座位,办公地点自由。IBM 商务咨询服务公司内部推动着这一改革，与此同时也把改革推介给追求提高生产率和多样化工作方式的企业。

这个时候，我第一次感到工作非常有趣。团队人数少，最后阶段，项目经理和客户把大部分工作交给了我。我感到自己的努力有了回报，这是一次非常宝贵的经历。

这个项目使我懂得了人的思想很难马上改变，但是通过改变硬件改变人的行为，行为改变了，自然思想也就变化了。而且，我的业绩也有所提高，其间我们的几项工作在"工作方式改革"成为流行语的现在看来是很前卫的尝试了。

但遗憾的是，那家企业最终没能达到可以改革的程度。当然，没能达成最终目标或许由于我们自己能力不够。我左思右想，深深地感到咨询公司归根结底只能在客户企业的目标范围内工作。

发现自己使命的一新私塾

在从事工作方式改革期间,我感受到了工作的价值。120%地满足顾客愿望,努力提高业绩,从工作中获得回报,得到顾客与上司的信任,把更重要的工作交给我,我自己思考的提案得到认可……我体会到了这些带给我的喜悦。

有时我想,"这项工作都令我这么愉快的话,那么如果从事我真正想做的,也就是热海的重建工作,一定会更加愉快吧"。

我思考如何把自己的经历与热海的街区建设结合起来。

我曾经考虑过去研究生院读公共政策、公共管理学,并且寄去了申请书。但是,我觉得不太合适。我感受到的是工作的价值,并不是读个学位,我要找一个能在一线实践学习的地方。于是,我就遇到了一新私塾。

一新私塾是由世界著名的咨询顾问大前研一先生创办的。大前先生曾经倡导平成维新,未能顺利完成之后,立志培养改变国家未来的人才而创办了这个私塾。其目的就是培养愿意以城市主人的身份从最基层改变社会的街区建设参与者,他们可以通过社会性创业、志愿者活动,也可以以政治家的身份加入到街区建设当中。

一新私塾自从20世纪90年代中期创办以来,人才辈出,涌现了不少创业者、企业家和政治家等。基本上每周一次,在周三夜里，由当今的政治家、进行社会变革的创业者举办讲座。与此同时，也举行项目实践。想牵头项目的人进行宣讲，在私塾学生当中招募成员，有了充足的成员，项目就启动。项目实践为期一年，其间听取针对项目的建议和咨询。

我提出了热海街区建设的主题项目，非常幸运的是有 7 名成员加入，项目就开始了。

以街区建设为己任——用实业改变热海

我一边在公司工作一边参加一新私塾的活动，说实话很辛苦。当时，我在公司负责关西地区的大学组织改革和业务改革的工作，乘坐新干线在东京与关西地区之间往来。

一周一半时间在东京，一半时间在关西，我感到体力上有些吃不消。只是，唯有一点令我很欣慰，在东京和关西途中有东海道新干线的热海车站，往返中途可以顺便去热海。

我通过一新私塾活动打磨的项目目标就是"创建百年后也能过上富裕充实生活的热海街区"。为此，需要招募很多有志改变街区的参与者。首先，改变居民的意识，未来培养出街区的创业者。

也就是说，我一直想通过吸引更多肩负热海未来的创业者和参与者来改变街区，这是我的使命，至今未变。

但是，我在接触到一新私塾之前也想过其他的办法。最初，我认为街区建设的方式只有行政和政治。所以，我为自己做了一个职业规划：30多岁的时候在热海创业，公司取得成功，公司规模达到与热海市政府同等程度，39岁当市长。

我想当然地以为要改变城市就必须当政治家，让我打破这一执念的是时任一新私塾理事的片冈胜先生。片冈先生在20世纪80年代中期从银行辞职，曾经培养了好几位创业者。

"不是只有政治才能改变社会，使用商业手段也可以。并且有创业这种方式。"

当我了解了片冈先生的实践经验后，我的想法发生了改变。创业要比从政更适合我，利用商业手段改变热海而非政治手段，这两者会有很大的不同吧。

"通过融入商业手段的街区建设改变热海。"与片冈先生的邂逅使我产生了这样的想法。

辞职，投身热海

当时，利用商业手段进行街区建设还不是很普遍。不仅如此，当时说起街区建设，马上就有人问我："你要从政吗？"虽然如此，我仍坚信为了街区的改变以及持续发展，融入商业手段的街区建设才是必需的。

一新私塾有社会创业课程，我也选了这门课。之后，发生了雷曼危机、东日本大地震，运用商业方式解决社会问题的社会企业、社会创业者等词语渐渐开始出现在各种媒体上。

就这样，兼顾公司业务和一新私塾项目的生活过了半年，在我的脑海中，热海项目的比重逐渐超过了公司的工作。这样下去的话，干不好工作，会给公司添麻烦的。尽管这么想，但是热海项目丝毫未松懈。相反，我的真实想法是干脆专注于热海项目。只是，公司里有我想掌握的技能，想体验的事情，而且终于有机会涨工资了，就这么辞掉工作，我就没有收入了……内心对于辞职还是抗拒的。

我犹豫了两个星期是否辞职回热海，最后使我下定决心的是妻子治子的一句话："不要犹豫了。想在热海干一番事业那就干好了。"这句话使我茅塞顿开，于是，决定辞职。2007 年 3 月，我从 IBM 商务咨询服务公司顺利离职，当时，我 28 岁。

辞职后，与我同时入职的同事、领导、朋友们每年都到热海来，现在还为我的公司投资，也有人成为 NPO 的会员。我在 IBM 做了 3 年半，现在回想起来，这是非常好的一段经历，我由衷地感谢公司。

尤其是在从事咨询工作的过程中掌握的一些技能能够运用到热海的事业中。例如，IBM 总是说，"做顾客信任的伙伴"，总是要求工作要做得专业。我养成了抓住本质问题的习惯，提升了解决问题的能力。

我在热海做的事情就是一边思考街区的问题与原因一边工作。发现问题、解决问题的能力是在做咨询工作中培养出来的。

返乡

回到热海之后，我居住在外婆的公寓。原本父母打算早晚会回到热海，就买下公寓，当时是外婆居住，我就到那里住下了。

没有房租，对于当时辞职没有收入的我来说简直太幸福了。我仅仅工作了 3 年半，所以没有退休金。工作期间的奖金几乎都用在海外旅行上，所以回到热海的时候，我的账户余额仅有 200 万日元。眼下，必须尽可能削减开支。

我是一心想把精力都投入到热海振兴上，所以辞职。没有什么赚钱、创业的计划，只能说是一个草率的开端。就这样，我几乎以一无所有的状态回到了向往的热海。

当时的热海大型温泉酒店、旅馆接二连三地倒闭，被度假公寓取代。兴建公寓，移居者、别墅业主增加，这是令人高兴的事情。

但是，看着全是公寓的热海，我想阻止她变成大都市那种毫无温度的样子，对街区风景的消逝产生了危机感，这也坚定了我回热海进行街区建设的信念。

第 2 章介绍的 "成功要素"

- 民间的街区建设是利用商业手段改变社会。
- 决心通过民间的街区建设改变热海。
- 重视违和感和问题意识。
- 把自己投身的事业作为工作。
- 只有民间赢利,街区建设才能持续。
- 我常常思考街区的问题和原因,然后工作。

第 3 章

街区建设从创造街区粉丝开始

当地人不了解热海

"热海什么都没有",这是我回来之后听到的备受打击的一句话。并不只是一个人这样说,当地很多人都这么说。

比如,有一次,我听说一位女士来热海旅游,她向观光协会投诉:"我在热海一天听到了三次'什么都没有'。"她来热海,首先问纪念品店的老板:"有没有什么好玩儿的地方?"纪念品店老板说:"什么都没有。"接着,在出租车上她又问了同样的问题,对方回答:"哎呀,什么都没有啊。"她很失望,回到旅馆,又问了服务员,还是这个答案,"什么都没有啊"。最后,据说是旅馆的客人反驳道:"热海有起云阁、初岛呀。"可是,当地人却摇摇头说:"不,这些地方你即使去了……"

我听到这些话很受打击。试想,如果我作为游客来到热海,当地人总是对我说"这里什么都没有",我肯定不会再来第二次的。

我们拼命吸引游客到热海来,而现实中发生在街区的事情却都是起反作用的。我甚至想,如果游客们都是带着负面印象失望而归的话,说得极端一些,不吸引游客来或许对整个街区更有利吧。

实际上,当地人对热海持有消极印象,不单纯是印象问题,也是体现在数字上的事实。

2010年，当时在大阪市立大学研究生院任教的大和里美老师（现任奈良县立大学副教授）进行了问卷调查。调查显示，居住在热海的当地人实际上有43%对热海持消极印象。与此相对，包括别墅业主在内的两地居住者当中，对热海持消极印象的占18.8%，游客等来自外地的人对热海持消极印象的比例为26.3%，比当地人少很多。由此可见，热海衰落是理所当然的。

如果不改变当地人对热海的消极印象，热海就不可能重新崛起。这是首先需要解决的问题。

游客和当地人都对街区不满意

另一个问题就是游客的满意度低。

21世纪初的问卷调查显示，游客对热海的满意度很低，虽然我现在也难以置信，但是当时网上充斥着"热海服务很差"的评论。

比如，在热海利用出租车的客人比其他地区多，对出租车的投诉非常多。热海坡路多，出行时，年龄大的游客即使近途也要打车。但是，对于近途的乘客，司机就会毫不掩饰厌烦情绪，甚至还有拒载的现象。对此，客人经常投诉。

我对当时热海出租车服务恶劣也有印象。那时，很多当地人说："千万别打车。"

满意度低还有许多其他方面的原因。餐饮店待客态度差，价格过高等。旅馆、酒店的接待也满是差评。

游客满意度低也是热海衰落的一个重要原因。

当我注意到当地人对热海印象不好的问题时，我开始问自己，我自己又会如何呢？如果我被游客问到"热海有什么好玩儿的地方"，我能说出"热海的这里很好呀""这个很有趣儿啊"这样的答案吗？

我发现，尽管我不会说"什么都没有"，但是或许我也不能回答得很满意。我自己也不过如此。

前面已经提到，从高中时代我就一直盼望着重振热海。就连如此执着地想要重振热海的我都不能把热海的魅力完美地表达出来，更何况普通人了。

为什么会出现这种情况呢？答案很简单。"我们对热海丝毫不了解，即使了解，也过于想当然，没有注意到她的价值。"包括我在内的热海人本身对热海都全然不知，也没有发现她的优点的话，那么，即使想告诉外地游客热海的优点，也无从谈起。

"热海人对当地只有消极印象，是因为不了解。不了解她，没有享受其优势，这就是问题所在。"

我意识到，首先让当地人了解当地才是最重要的。

当地拥有丰富的风土人情

我开始了"热海导航"活动。因为我们自己也不了解地区的情况,所以先去采访这个地区有趣的人,还要采访从事有趣的活动的人,并且了解当地存在的一些问题。我们建立网站,把这些内容发布出去(现在网站已关闭,某个同名网站与我们无关)。

开始这个活动的契机也是一次美好的邂逅。当地的网站制作公司正在着手建立门户网站和热海专门的社交网站,虽然创建了系统,但是没有人运营。我希望从事热海振兴工作的人能把网站作为工具使用,我的想法与这家公司一致,所以我就开始了这个项目。

在"热海导航"上,我并不想发布旅游信息,而是想宣传当地独特的活动。总之,我想把当地人也不知道的热海宣传出去。

例如,我们报道了几位妈妈绘制热海地图的消息,她们为了给育儿妈妈提供方便,绘制的地图专门提供对妈妈们有用的信息。我去采访时,她们表示欢迎,说:"还是第一次有男士来这里采访。"

另外,我也计划采访在刚刚结束的市议会议员选举中当选的全体议员。而且,为了挖掘热海的特色,在小说和电视剧中把热海作为取景地的街区我都去逛过。

像"热海导航"这样的活动在当时的热海还是首次。虽然各种媒体也发布旅游信息,但是根本没有聚焦当地有趣的人和事,所以热海本地人也不怎么了解自己街区的信息。

其中,与实际项目结合起来的是对南热海多贺这个地区的农田主山本进先生进行的采访。我听说他在热海重建小型水田,每年让当地小学五年级的学生体验插秧,于是,我就去对其进行了采访。

实际上,在山本先生重建水田之前,热海已经没有一处水田了。山本先生家世代务农,但是他从事其他工作,不再务农。某个偶然的机会,他想建一处亲近自然、有益健康的场所,就开始经营名为"妙乐汤"的非住宿温泉设施。之后,他又想在世代继承的土地上建一处接触自然、修身养性的地方,所以就修建了水田。

山本先生开垦山间荒地,修建了小小的梯田。把热海一度消失的水田风景再现,甚至让孩子们体验插秧,这是多么有趣的事情。我一定要见见这个人,于是就促成了这次采访。

通过"热海导航",我开始了宣传热海风土人情的活动。

重建农田——后院团队

做了大约 4 个月的"热海导航",我想,应该可以到一线解决街区问题了吧。

就在这时,我和对热海街区重振工作感兴趣的内外部人士一起烧烤,边吃边聊。从其他地方来到热海的人谈道:"对大城市的人来说,南热海多贺这个地方自然风光美丽,充满魅力啊。"于是,老家是多贺的年轻人一副吃惊的表情,"哎?什么有魅力?仅仅自然风光好一些,什么都没有啊。"当时,我第一次发现当地人没有意识到热海自然风光的魅力。

我上大学去了东京之后,开始以旁观者的视角欣赏热海。因为这个原因,我总是能感受到热海的怡人风光及其魅力。一直在当地生活的话,就没有机会注意到这一点。

但是,热海不仅有土生土长的人,还有很多长大后从别处移居过来的人,他们反而更容易感受到热海的魅力。

因为"热海导航"活动,原本和热海没什么关系的返乡者、移居者都和我建立起了联系。我想,如果为他们创造接触农田的机会,他们一定会很高兴吧。

我跟农田主山本先生说过之后,他说:"下次割水稻时,你带他们来吧。"

于是,到了割水稻那天,三名农户和我们三个年轻人交谈，借此契机，我们建立起了团队，要把南热海荒地、闲置的农田重新开垦出来。

这就是"后院团队"。成员有我和我的发小，还有在热海当地企业工作的人，我们三人，再就是山本先生和他的农民朋友们。

我们最初的工作就是为那些对农业感兴趣的人准备体验活动。其中一项农业体验活动是橘子采摘，就在我们有这个计划的时候，成员之一的小松伸一先生为我们提供了帮助，"我给你们三棵树"。

"后院团队"活动就这样开始了。

与热海市政府人员的合作

另外,在当时的市政府有"新生活支援室"这样一个部门,室长是石渡久照先生,他也协助我们的活动。这个部门原本主要工作是促进移居,但出现了几个明显的问题。

呼吁人们移居到热海,很多人来了,这是好事。但是实际居住下来之后,移居者的满意度有点儿低。如果只是宫松、十国峠、初岛等景点游览,很快就会厌倦。热海生活本身如果缺乏吸引力,特意移居来的人们早晚也要离开。

因此,我们在"新生活支援室"举办了面向移居者、别墅业主的"热海博学讲座"。举办了漫步街区、体验和了解热海的活动项目。体验活动之一就是农业体验,政府人员也积极地支持我们。

很多移居者、别墅业主参加了"新生活支援室"的活动。为了吸引客人参加农业体验活动,请石渡先生助阵是再合适不过了。

这些移居者和别墅业主当中应该也有很多人对农业感兴趣,带着这种想法,我把农业体验也加到了整个项目计划当中。

石渡先生负责邀请移居者参加活动,我们主要负责农业体验活动的策划与运营。农户为我们提供场所和农业技术。由于大家各自发挥自己的强项，各司其职，活动得以顺利进行。

"后院团队"农业体验活动最初是两个月举行一次，大家确实在田地里培育了农作物。

这项活动的会员现在超过 20 人，依然坚持活动，我们正在把它发展成为共同建设市民农园和田地的社区。这是因为参加农业体验的人当中出现了一些平常也想干农活儿的人，他们自发开始了这项活动。

这样，通过"后院团队"的活动，享受热海自然风光的人逐渐增加。对于当地人来说，荒芜的田地又重新焕发生机。对于移居者来说，不只是风景美丽、气候宜人，日常生活当中又增加了田园乐趣。

虽然移居者中有人对农业感兴趣，但是印象中热海没有田地，当移居地定为热海的时候他们也就放弃了务农。所以，当他们得知在这能看山看海的外景地开垦出农田，简直是又惊又喜。

而且，"后院团队"活动对于热海振兴还有另外一层意义。那就是我清楚地了解到移居到热海的人和在东京、热海两地居住的别墅业主对热海知之甚少。

参加"后院团队"的农业体验活动的成员对我说："热海没有餐厅，没有商店。"我问他："你去过这家店吗？"他的反应是，"不知道有这家店。竟然也有这种店呀"。当时我还听说，想在热海生活而移居过来并买了别墅的人生活了两三年之后，觉得热海的生活无聊，想回到东京或者移居到别处。

我当时的感受是：大家如此不了解热海吗？他们在了解热海

之后一定很高兴很满意，就像参加"后院团队"农业体验的人们一样。热海也会通过满足人们的需求而朝着更好的方向发展。

热海的移居者和别墅业主与从前团队旅行的客人不同，他们希望享受热海的生活。而且，这些人大都从大城市移居过来，他们追求一种与大城市不同的地方城市热海独有的价值。所以，开发满足他们需求的商品与服务，才有助于构建热海的未来。而且，这一认识促成了我们的下一个活动。

享受当地风情的体验交流之旅
——"温泉魔盒"活动

当地人不了解当地,也就享受不到这里的风情。

从"热海导航"到"后院团队",以此为契机,我们要进行一次当地人了解当地风情的旅行。

这就是 2009 年开始的"温泉魔盒"活动。

原本"温泉魔盒"活动是我在一新私塾思考热海振兴项目的时候计划的活动。一新私塾邀请的川北秀人老师给我们介绍了"温泉泊览"活动("泊"是"住宿"的意思)。我曾经构思的要在热海举行的活动竟然有人已经付诸实践了,我也要举办一次"温泉泊览"活动。

"温泉泊览"的全称是"别府八汤温泉泊览会",是在别府温泉举行的活动。三周到一个月的时间内,在别府八汤举行一百几十种体验式旅行。其中包含了漫步街区、农业体验、温泉行等各种各样尽享当地风情的旅行。这一活动在别府是从 2000 年前后开始举办的。

我想要模仿这个活动,在热海也举办了这种享受当地风情的体验式旅行活动,取名叫"温泉魔盒",而不是"温泉泊览"。当时"温泉泊览"正在向全国推广,包括别府的第一期八个地区当中就有"温泉魔盒",现在甚至已经扩大到国内外 70

多个地区。

刚回到热海的时候，虽然想搞"温泉泊览"，却不知从何处着手。但是，做了"热海导航""后院团队"活动后，思路逐渐清晰起来。我可以和热海各行各业的人一起做类似于农业体验的活动。通过"热海导航"，我知道了热海有许多有趣的人，希望大家了解他们，希望大家来到现场听我介绍这些人。

我不知道的热海——不断涌现的热海粉丝

下面,我给大家介绍一下"温泉魔盒"活动。简而言之,就是"当地人担任导游短时间内举办多次旅行的活动"。与其说是以旅游为目的,不如说向热海及周边地区的人们介绍热海的魅力,吸引热海的粉丝。

2008年4月开始举办"温泉魔盒"活动研究会,邀请了很多人参加。这时,热海市和热海市观光协会有所反应了。原来,市政府在制订观光基本计划时也想尝试"温泉泊览",热海市和热海市观光协会想要推进这个项目。

恰巧当时热海观光协会的会长是年仅41岁的森田金清先生,我和他仅仅见过一次面,就邀请他来参加研究会。"我想举办'温泉泊览'活动,请您来参加研究会。"于是我们就开始一起筹备活动。

最初的"温泉魔盒"是2009年1月到3月共两个月的时间,与热海的梅子节一起举办。当时,一共准备了20个项目,其中一半左右是街区漫步。比如,在"昭和小巷的怀旧漫步"这个行程中,时间仿佛停留在昭和年代,一边在保留着浓郁昭和氛围的小巷里漫步,一边给大家介绍藏在小巷里的咖啡厅。

在南热海举行了海上赛艇活动。热海濒临大海,却没有充分利用,为了让大家体验海上风情所以安排了这项活动。

另外,"后院团队"的农业体验活动也在进行当中。希望通过这个活动让大家知道热海有景色美丽的田地,可以享受田间劳作。

为了吸引游客,我们制作了海报、指南、小册子,到度假公寓去发放。仅在度假公寓就发出去 8000 多份。也是因为和热海市、观光协会一起搞的活动,所以各个公寓都对我们非常友好,大多管理员都对我们说:"就放在这里好了。"我们还把宣传册发到了热海市的小学和初中。

从后院活动的经验来看,热海的移居者和别墅业主更向往这些体验,所以我们重点在度假公寓发放了宣传册,反响很好。当地的热海新闻等媒体也刊登了相关信息,很多别墅业主和移居者参加了活动。

自那时起直到 2011 年大约每年举办两次,其间实施了 220 多种方案,参加者超过 5000 人。

热海生活幸福起来

在"温泉魔盒"活动中做了哪些事情?发生了什么样的变化?就此我想再举几个具体的例子。

"温泉魔盒"活动的受欢迎项目是"昭和小巷的怀旧漫步""参观咖啡厅"等在街道散步游览、参观小店的活动。保持着昭和时代风格的街道位于热海中心地段,精致的街道里有几十家咖啡厅。

其中就有 80 多岁的店主经营的名叫 bonnet 的咖啡厅,这位店主 1952 年(昭和二十七年)开店以来,已经开了 60 多年。半个世纪前,三岛由纪夫就是他家的常客,据说不会游泳的三岛由纪夫还跟店主学过游泳呢。除了这家店之外,还有 90 多岁的老妈妈开的爵士咖啡厅。我们的活动当中包括去这些咖啡厅坐坐。

热海的很多店铺看不清里面,不好找,乍一看好像不欢迎客人似的。我们带领大家参观,了解店铺,为大家创造一个进店的机会。导游的作用就是架起客人与店员之间的桥梁。参加街区漫步活动的很多人日后成了这些店铺的回头客。

这些店有着几十年的历史,也藏着很多饶有趣味的故事。但是,新人、游客很难发现,而且即使有人发现,也觉得是一个不容易进入的地方。在这些地方走一走、坐一坐,咖啡厅的粉丝增加了，口口相传，咖啡厅以及热海咖啡厅文化就流传开来了。

有一次，杂志社与我们联系，想把热海咖啡厅做成专访。这个面向女性的杂志以"热海古朴可爱的咖啡厅"为标题的专访用几页特别介绍了热海的咖啡厅。自那时起，希望报道热海咖啡厅的媒体越来越多。

现在做城市宣传的时候经常以昭和怀旧的热海为主题取材小巷、咖啡厅。原本不是观光资源的东西成为观光资源，年轻顾客的身影也越来越多。

"温泉魔盒"活动中，能够参加咖啡厅项目的人很有限，一次活动仅限 10 名，但是，反复做下来，口口相传，并且借助媒体的力量，人们看过之后就会到访。通过一个一个活动，热海的形象逐渐改变。

我也是如此。做一次漫步街区的导游之后，在路边看到可能迷路的人的时候会非常关心，主动打招呼："您需要帮助吗？在找什么地方吗？"招呼之后，顺便说："那家店味道很好。去这里很有意思……"甚至告诉他一些多余的信息。所以，可以看出"温泉魔盒"活动不仅对客人，而且对导游也产生了积极的影响。

我辞职刚刚回到热海的时候，街区笼罩在停摆的气氛中。当地人认为"什么都没有"的热海开始改变了。

当地人的意识变化了

通过"温泉魔盒"活动,当地人对热海的印象发生了巨大改变。

前面提到的大和里美老师的问卷调查显示,居住在热海的70%以上的人回答"对热海的印象变好了"。非常多的人回答说,"印象变好""对热海的印象清晰了""印象改变了"等。

其中不仅包括移居到热海几年的人,也有在热海生活了20多年的人。"我虽然是土生土长的本地人,以前却不知道这些""我以前不知道热海有这样的历史""有这么有趣的地方吗"这样的感想很多很多。

大和老师分析说,参加"温泉魔盒"活动的人的满意度之高带动了热海的形象提升。

静冈大学的研究室定期进行热海旅游调查,从调查也能看出变化。21世纪初期热海的接待质量很低。但是,2014年进行同样的调查发现,接待质量发生了飞跃式的改善。

单纯的数字无法显示出它与"温泉魔盒"的因果关系,但是大学老师认为这是"温泉魔盒"的效果,我感到非常高兴。

而且,当地商人的意识也在变化,好像与提升热海形象密切相关。

热海市旅游战略会议上不仅讨论了旅游宣传,也讨论了城市长远的街区建设策略。希望热海市和从事旅游业的人们达成共识。

比如说,"温泉魔盒"这种活动在从前的热海是无法想象的,或许也不会被当地的行政部门、观光协会接受。但是,实际情况是我们的"温泉魔盒"活动是由我们和热海市、观光协会牵头,旅游工会和商工会议所协助完成的。这次活动证明了最重要的不是从事热海旅游事业的众多参与者和全体热海人如何吸引顾客,而是如何提高游客和当地人的满意度。

十多年前一直遭受投诉的出租车服务现在完全改变,待客态度越来越好。外地游客说:"我们只乘坐起步价的距离,他们也很热情。司机告诉我们很多热海的景点。"

旅馆、酒店的接待也改善了。顾客说:"老板娘、服务员给我们讲了许多热海的趣闻,我们玩得很开心。"

这是年轻的继承者们危机意识增强,认真进行员工意识改革的结果。

有一些旅馆工作人员参加了"温泉魔盒"活动,了解热海,非常享受热海的生活。还有一些旅馆直接参与到"温泉魔盒"活动的策划当中。

总之,由于"温泉魔盒"的影响以及当地人的思想改变,热海的形象确实大为改观。

可能发生趣事的街区
——完成任务，进入下个阶段

"温泉魔盒"活动进行了三年，从前完全封闭，什么也不可能发生的城市逐渐变成经常可能发生趣事的城市。"温泉魔盒"活动除了制造出热海的粉丝之外，还有一个可喜的成果，就是在热海的街区出现了各种挑战。

地方街区的挑战常常有很多不易。即使举办一场小型活动，也需要做很多事，从策划到宣传、运行等各种程序。但是，刚刚启动的小团队能够做的事情非常有限，所以往往宣传不到位，客人很少，难得的一个好活动没有客人，失去动力，不了了之。所以，我们想通过"温泉魔盒"活动支持为了搞活街区而进行各种挑战的人。

2011年举办的"温泉魔盒"活动，为期一个月，我们和60个地区的店铺及团体一起策划了73种体验式旅行项目。我们得到了150家店铺和团体的合作，40多家旅馆和店铺赞助了我们。地区内外的十多家媒体每天报道这个活动。于是更多人参与进来，大家集中起来使得一个团体无法完成的事情变为可能。

"温泉魔盒"活动中的讲师和导游进行了各种挑战。比如，想把"干物族"体验商品化，要在热海得天独厚的环境中进行

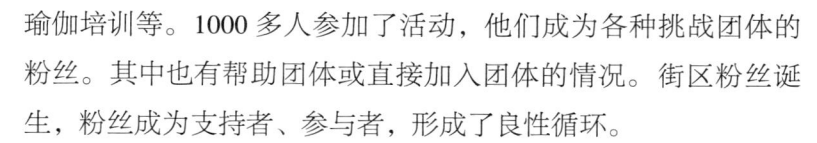

瑜伽培训等。1000多人参加了活动，他们成为各种挑战团体的粉丝。其中也有帮助团体或直接加入团体的情况。街区粉丝诞生，粉丝成为支持者、参与者，形成了良性循环。

当你想好好努力，干一番事业的时候，偏偏周围有人说些无情的话，如果你比较引人注目，可能还会传出毫无根据的谣言，甚至遭受抨击。这是在任何地区都存在的事情，我自己也在街区建设的实践中经历了这些。

但是，如果一个地区充斥着扼杀新挑战的声音，那么这个地区就无法诞生新的挑战者，没有新的参与者，地区就不会改变。正因为如此，"温泉魔盒"活动就是让挑战者不孤单。

挑战者共同建立一个互相支持、互相鼓励的社区。建立一个能够不断培养出挑战者的基地，是"温泉魔盒"活动的另一个目的。

建立一个大家能够思考挑战项目的地方。我认为要重振热海，这是首要条件。完善这一条件就是"温泉魔盒"活动的成果。

2009年1月开始的"温泉魔盒"活动，2011年达到顶峰，之后规模逐渐缩小，最后结束。

我从2009年5月担任执行委员长，基本上一年举办两次，我亲身体会到了大家对这一活动认知度的提高。比如，参加旅行需要电话、网上预约，我们采用了注册会员的形式，最初的会员人数是200人左右，第二次的时候达到400人，接下来增加到800人，确实是成倍增长。而且，人气项目在首日就会预约满。

我们的初衷是"当地人了解当地，享受当地"，经过两年的活动，这一目的完全达到。我不由得感慨："温泉魔盒完成任务了。"当然，有很多人依旧对这个活动充满期待，这也使我很犹豫是否该结束这个活动。但是，仅仅依靠这个活动无法改变街区。我开始思考接下来应该做什么来解决街区最本质的问题。

而且，还出现了一个重大的问题，就是"温泉魔盒"活动丝毫没有带来经济效益，继续这个活动已经很困难了。体验式旅行利润的 10% 属于执行委员会，另外也有广告收入，但这些只够维持部分经营费用。我们也利用了静冈县的部分补贴，但是，补贴也不是一直有的。这就是说，"温泉魔盒"活动在资金层面上，没有形成可持续性，所以我决定终止。

第 3 章介绍的"成功要素"

- 街区建设从"创造街区粉丝"开始。
- 通过提高当地人的满意度来提高游客的满意度。
- 首先从能够马上做的、可以做的开始，然后就会找到接下来的对策。
- 后院团队活动说明：行动起来就会遇到顾客和朋友。
- 当地人享受当地的旅行——"温泉魔盒"活动促成了热海粉丝的诞生。
- 意识改变确实提升了街区形象。
- "温泉魔盒"活动参加者的满意度之高带动了热海形象的提升。
- 要重振街区就要把街区建成可以思考挑战项目的地方。
- 打造宽松环境，支持挑战，让挑战不间断。

第 4 章

创新型街区建设

自行车的两个车轮

从 2010 年起"温泉魔盒"活动的效果开始显现出来,当时我正在忧虑接下来的工作如何展开。当然继续这项活动也是一个选项。

但是,参照率先开始活动的地区——别府的经验,我感到软件策略比较弱势,我们需要能够持续改变街区的机制。

我一直以来的目标是利用商业手段建设街区,但是如何兼顾赚钱与街区改变呢?如何通过街区建设赚钱呢?街区需要可持续性的活动。

我带着自己的想法,咨询了在别府启动"温泉泊览"的野上泰生先生。他对我说:"'温泉泊览'可以做三到五年,有了成绩后就应该继续往前走。"

向我介绍"温泉泊览"的川北秀人先生给我讲了这样的事情。"NPO 中也有不营利的业务,用自行车前轮解决地区问题,用后轮赚钱,具体说来是充分利用技术信息,以其他形式边赚钱边取得发展。解决问题和赚钱两不误,NPO 才得以成立。"

参照他的讲解,"温泉魔盒"是自行车前轮,它的作用就是解决地区问题,它已经成功地完成了其使命。但是由于缺乏赚钱的"后轮",所以"重振热海"这辆自行车无法向前行驶。

实际上,在结束"温泉魔盒"的前一年,我参加了 NPO 法人 ETIC.这个东京团体项目。ETIC.由风险投资企业和社会创业者牵头,面向大学生进行半年以上的长期实践型实习,至今已经培养了众多著名的社会创业者。

我在寻找一种既能够解决热海问题,又可以赚钱的项目,以此维持街区建设活动,于是就参加了社会创业公司这个创业援助项目。

从前日本的 NPO 中有很多人说,"自己在做善事,所以生意不成功也无妨"。

但是,各种经验教训或许也告诉了大家如果没有经济来源,有意义的活动也无法持续。至少我们这一代 NPO 当中大概没有人会否认营利的重要性。

现实问题是如何赚钱,门槛似乎很高。

2010 年的时候,我的面前就横亘着这道坎。

邂逅创新型街区建设创始人清水义次先生

参加社会创业公司之后,我也没有找到具体的解决方案,这时偶然碰到了建筑·城市·地区振兴策划者清水义次先生。清水先生作为专家被邀请参加搞活热海商业中心的会议,我记得他在会议上说:"城市街区必须涌入新人、年轻人。现在有许多不想继续在这个街区做生意的人,如果这些人离开,给年轻人让路的话,热海的街区肯定会重新崛起。"

此时,我的直觉是:"对,我要的就是这个。"

当时在场的很多人就是很早以前就在商业街开店的店主,但清水先生竟然使用这么直接、不客气的说话方式。也许是为了唤起大家的斗志吧。

听了这样直白的分析,我马上浮想联翩:是啊,现在商业街有很多空店铺,也有许多店好像开不下去了。这些地方可以进新人呀。这样一来,就可以边赚钱边重振街区了。

一直处于迷雾中的自己好像看到了一束光。

我马上拜访了清水先生。他为我安排了三小时,我提出了各种各样的问题。回来之后,我意犹未尽,发出一封感谢邮件,并且表达了希望先生收我为徒的愿望。

现代版"管家"——用"创新思维"建设街区

清水先生原本在市场咨询公司负责各种商业开发业务,之后,20世纪90年代初他在40多岁的时候自立门户,在青山经营红酒吧,获得巨大成功,在日本掀起了红酒吧的热潮。

清水先生在青山开了第一家红酒吧,生意火爆,随即附近不断出现相似的酒吧。

也就是说,如果一个点改变了一个地区,那么它的周围也将改变。

清水先生也曾想过从事街区建设,当目睹了自己开的红酒吧改变了街区,他明白了街区建设原来如此。清水先生在后来的工作中充分运用了他的实际经验。写字楼的店铺开发、更大规模的地域开发等都应用了这种"以点改变地区"的经验。

这种经验延伸成为创新型街区建设、现代版"管家"。

管家是江户时代的一种职务,工作职能是代替不在家的地主管理宅院和土地。

江户时代后期,城区有60万人,管理城区的官员只有300人,所以相当于约2000人中只有一名官员。热海人口约4万人,公务员人数约为500人,所以相当于80人当中就有一名官员。按照这种算法,江户时代的官员只有热海的1/25。

在江户时代如此少的官员能够保证街区运转是因为有管家

的存在。江户街区若有 2 万管家，那么一个管家对应城区 30 人。

比如，在相声中出现的"房东"就相当于管家。江户时代的房东代替房主做管理工作，他不仅从房客那里收房租，而且还要照顾他们的生活，调停纠纷。

像这样解决街区诸多问题、参与区域管理的人就是管家。而且管家不拿幕府的钱，而是自己做实业获得收益，在民间自立赚钱。

把江户时代管家的功能活用到当今就是现代版的"管家"。现代与江户时代不同，没有大地主，土地被细化分配，土地所有者众多，就需要区域意识，进行区域管理。

使用街区闲置资产，充分利用旧物，发挥其景观特征，不好用也要视为特色而承认其价值。这样，把无法使用的旧的街区资产赋予新的价值。

比如，2000—2005 年，清水先生在东京的千代田区实践了管家构想。由于办公需求减退，东京神田、马喰街、日本桥界限地区产生大量空店铺，为了恢复这些地区的生机，地区进行了被称作 CET 的艺术活动。借此机会，邀请了艺术家、创作者，开始了街区振兴的工作。

清水先生从商业角度策划这项活动。而且，他亲自承担风险，建造共享工作空间，让这里成为许多有趣的人集合的基地，因此得以实现了地区振兴。

改造热海的商业中心

听了清水先生的讲述，我准备以现代版管家的身份开展事业。

在"温泉魔盒"活动中参加街区漫步的成员，了解了街区的故事，确实感受到了街区的趣味。

但是，当看到闲置的店铺、空空的写字楼的时候，大家就不由得情绪低落，感慨道："遗憾啊。"另外，没有参加街区漫步活动的人，如果看到商业中心全是闲置店铺，就一定会心情沉重。因为这些闲置店铺，街区的氛围也凝重起来。

闲置店铺不能减少吗？我在为此冥思苦想的时候，发现它们其实也是街区的重要资源。

平整土地、修建大楼需要耗费时间和金钱。而长期闲置的店铺，如果有人想利用它开始做点儿事情的话，马上就能低成本使用。

要重振街区，不是毁掉闲置店铺建成新的就万事大吉这么简单。不是毁掉旧的，而是利用现有的，赋予它新的价值，以此重振街区。

在"温泉魔盒"活动中，我多次担任漫步街区的向导。每次我都会感到，"这条街真不错啊"。参加活动的人也是不断地发现了街区的亮点。

热海的移居者、参加街区漫步的很多人游览了热海的古街，评价道："街道古朴，充满韵味。"其中也有不少人说想到这里居住，还有几位艺术家、建筑家、创作者希望在这里建起自己的工作室。

　　我有一种直觉："如果这些人能到我们的街区工作就好了。只是简单粗暴地把古街毁掉，建造新街的话，长期积累下来的街区文化和人们的生活将被毁坏，街区的价值也会下降。充分利用现有街区，新人用新法完全可以重振街区。"

　　我想，他们如果成为新的参与者，赋予古街新的价值的话，热海的街区一定能够重新崛起。

利用商业手段建设街区

实际上,在"温泉魔盒"活动热热闹闹举行的 2010 年,我们建立了名为 atamista 的 NPO 法人。"温泉魔盒"活动在当地得到认可,考虑到对外作为一个团体的信用,而且,政府部门表示为了便于委托业务,希望我们法人化,所以我们就建立了这个 NPO 法人。

2011 年受清水先生的邀请,我和 atamista 的成员一起参加了名为"地区创新者训练营"的现代版管家培训学校。为了尽早作为现代版管家启动公司建设街区,我已经无法等待训练营开始了,硬是提前几个月参加了碰头会。在会上我遇见了清水先生的徒弟冈崎正信先生和以商业手段建设街区的前辈木下齐先生。

冈崎先生在岩手县紫波町开发了 10 公顷闲置 10 年的公共土地,获得盈利,取得成功。紫波町的"OGAL 项目"是官方与民间合作,由民间建设运营公共设施的典范。民间建造的公共设施租给民间企业,盈利的收入用于公共设施的运营。以往靠税收养活的公共设施,现在却可以赢利。

因为这个划时代的项目的成功,冈崎先生成为官民合作领域的代表。木下齐先生在前面已经多次介绍,他是地区振兴的大神级人物。与这几位专家的结识使我在运用商业手段进行街区建设方面大大开阔了视野。

为街区建设创造投资

我们在创新者训练营用三天两夜的时间做了事业计划，其中之一就是地区一体型设施管理事业。

大楼管理需要维修成本。比如，公寓有电梯，定期检查、修理的维护工作要签合同委托给外包公司。一般情况下，电梯的维护合同都是在大楼建成时签好一直延续下来，合同内容一般不做修改。

从前维修公司几乎都是电梯厂商系统的，最近非厂商系统的独立维修公司越来越多，它们往往比厂商系统的更便宜。

而且，如果把一个地区的所有大楼电梯的维护工作都包给一家独立的维修公司，那么合同就会以更加低廉的价格签下来。

地区一体型设施管理就是把同一地区的大楼维护全包给一家公司，从而削减维护费用。

最初，按照这种方法签了8台电梯的维护合同。从减少的成本当中拿出一部分放到我们的公司里。一部电梯的维护，多则一个月5万日元，少则3万日元。虽然每一项开支减少的并不多，但是加到一起就是不菲的收入。

这个业务不管短期还是长期都能给大楼业主带来好处。短期维护费用减少，每个月都有盈利。

长期来看，这些收益由街区建设公司汇总，把它投资到街区新的店铺开发上，能够提高该地区的价值。

地区价值提升就是房租上涨、不动产价值提升的意思。一处成本削减看似没有多少利润，但是整个地区集中起来就能形成一定规模的投资。街区建设公司在其中担负着重任。

这种地区一体型设施管理能够保障每个月的收入，生成可以利用到街区店铺创新中的投资资金。

街区建设公司是把整个街区视为公司，重振街区。首先重要的事情是与公司重生一样，要从削减成本入手。阻止资金外流，把资金投到街区建设上来，这是第一步。

株式会社 machimori

2011 年 10 月，我们成立了株式会社 machimori。成立这家公司的目的就是重振热海商业中心。主要成员是我和二见一辉瑠先生，二见先生是有着 150 年历史的热海干品老店——釜鹤的第五代继承人，和我同岁。地区一体型设施管理事业的合同有着落的时候，我们就成立了株式会社。

2011 年发生了东日本大地震，这也是我们决定成立公司的重要原因。地震之后，原子能发电立刻停止，在东京电力的供给地区实施了限电。热海也不例外，在固定的时间，一片漆黑，有的日子要在黑暗里度过一整夜。

温泉街区如果没有灯的话，没有客人会特意花钱来住宿。不仅如此，停电的时候旅馆也无法营业。那段时间，各家酒店、旅馆都被迫临时停业。"太糟糕了。"为了灾区重建，我们也举办了"慈善温泉魔盒"活动，但是，我当时一直思考的是我们应该做更加有实际意义的事情。

如果自己的街区也发生了同样的灾难，街区能够重振吗？街区的经济能够恢复吗？想到这儿，我产生了危机感。我们必须做好准备，让街区即使遭遇到同样的灾难也不至一蹶不振。为此，我们必须有能力赚钱，不依赖税收。

补助金存在恶性循环的风险

搞活街区有很多方法。有的适合 NPO 法人，有的适合运用一般的商业手段建立株式会社。主要依靠捐款、补助金的情况下，还是 NPO 为好。我要进行的街区建设还是比较适合使用商业手段。

有人或许怀疑，追求利润的民间企业能够重振街区吗？街区建设应该由不求盈利的政府部门来做吧。

实际上，我和朋友为了实现热海街区振兴开始举办各种活动，我们感受到了 NPO 活动的局限性，所以要成立株式会社。

这时，有人质疑："你们要用 NPO 积累的信用赚钱吗？"当时，我们这样回答："是的。我们想好好赚钱。不赚钱就没法把活动持续下去，更无法发展街区振兴的事业。"

赚钱不是坏事。只有赚钱，我们的事业才能继续。这就是我们的想法。重要的是赚来的钱用在何处。

那么，为什么不赚钱就无法继续搞活街区的活动呢？因为依靠政府补助金，街区建设将陷入恶性循环。

拿补助金做事业。一旦用上补助金，就只能在行政制约的范围内做，有了制约，想法也被束缚，事业就可能变得无趣。当进行不下去的时候，也无法随机应变去集中人、物、钱，就难以应对僵局。于是，更加依赖补助金，事业更加失去张力。

这样，事业陷入困境的时候，一旦断了补助金，就彻底垮掉。"利用手头资源干实业，赚取利润，再继续投资，这种循环是搞活地方的根本。"（木下齐《地方城市振兴的28项法则》，东洋经济新报社）

木下先生在自己的著作中也谈道："只有使用民间企业赚取的利润，街区建设才可能持续。"

而且，最重要的是商业要迎合顾客，而利用政府补助金就不是迎合顾客，而是要迎合行政。那样，事业就无法发展。考虑到依赖政府补助金的负面影响，在热海的街区建设方面我们就要凭借自己的力量赚钱自给自足，发展事业，因而成立了株式会社。

我们的目标是不依靠补助金，自力更生进行可持续的街区建设。因此，我认为使用商业手段的街区建设是最有效的。

街区的核心是不动产所有者

我们一直认为街区建设是不动产所有者应该做的工作。因为提升街区价值最受益的就是不动产所有者。

但是，一般不动产所有者只是拥有不动产而已，并没有做真正意义上不动产所有者应该做的事。这不难理解，原本他们并非想从事不动产行业，他们的主业是其他生意，出于需要而购买了土地、楼房等不动产。但是，改变街区不是不动产所有者把房子租出去就可以的事情。要把街区这块区域变成有魅力的地方，需要思考如何提升这个区域的整体价值。要提升自家不动产的附加价值，就必须提升地区价值。

为此，不动产所有者之间的横向合作不可或缺。但是，以往不动产所有者几乎没有彼此合作的意识，只有"搞活商业街"这种形式的生意上的合作。仅仅如此，街区无法改变。我们需要从大局出发提升不动产附加价值的意识以及组织构建。我们成立株式会社就是为了达到从大局出发提升地区价值的目的。

热海人一直以来没有提升不动产附加价值的意识，我想让不动产所有者认识到，搞活街区直接受益的并不是商店店主，而是不动产所有者。

设施管理可以说是不动产所有者从大局出发而做的最初的商业。

捕捉街区变化迹象，吸引新的成员

说起更新改造，人们往往认为只是把旧建筑重建使用。的确很多情况下都是发挥旧建筑的优势，但是关键点并不是大楼的重建，而是创造出新的使用方法，吸引新的使用者。这一点才是关键。

清水先生常常这样说："仔细观察街区，看看街区现在正在发生什么变化。街区总在变化，捕捉变化的迹象非常重要。"不错过变化的迹象是很重要的。

例如，在广岛县尾道市有一个为骑行爱好者建造的名为"ONOMICHI U2"的综合设施，是利用广岛县经营的仓库建造的，这是一个成功的案例。尾道有连接广岛县和爱媛县的"岛波海道"，这条路自行车可以通行。因此，全世界的骑行爱好者都来到这里。于是，抓住"岛波海道"的骑行爱好者增加这一街区的变化，建造了为骑行爱好者提供新价值的设施，从而取得了成功。

总之，抓住变化迹象，通过创业改变地区完全有可能。

我们通过"温泉魔盒"活动已经切身体验到了观察街区变化的重要性。从 2009 年开始的 3 年时间，我每天在街区漫步的时候都在观察，什么样的人想参加什么样的活动，什么样的人喜欢什么样的东西。"温泉魔盒"活动好像进行了大量的市场测试，确实是非常宝贵的经验。

找出周围人都很想去模仿的事情是关键。过去清水先生自己就通过红酒吧的热潮改变了街区。我们应该做的是准备一个能吸引新的参与者到来、能使街区发生改变的地方。

> **第 4 章介绍的"成功要素"**
>
> - 只有兼顾解决问题和赚钱，民间牵头的街区建设才能成功。
> - 现代版管家从点到面改变街区。
> - 创新型街区建设比二次开发快速、省钱、高效。
> - 利用新人新法的区域创新来重振街区。
> - 把整个街区视为公司，首先通过削减成本保证街区投资。
> - 街区建设的目的是提升地区价值，也就是不动产价值的提升。
> - 搞活街区最终受益的是不动产所有者，正因如此，街区建设是不动产所有者应该做的事。
> - 补助金有恶性循环的风险。
> - 抓住变化迹象，创造街区新文化，吸引新人。

第 5 章

一个项目掀起变化

聚焦商业中心热海银座

热海市的中心地带是从热海车站到热海港的地区，其中沿海大约 300 米见方的区域是热海的老街区。

这个小小的区域内有 400 家餐饮店，虽然是温泉胜地，却有如此小型密集的商业中心，这是区别于其他旅游城市的极大优势。

热海银座街位于这个商业中心的入口处，是一条 200 多米长的小型商业街。很多店历史悠久，还有几家老字号是从江户时代延续下来的，很多已经经营到第五、第六代了。

有很多面向大街的开放式店铺，店主常常站在店门口，所以走在大街上的人也能听到他们和顾客、街上行人的对话。热海的商业街都是如此，街区文化深深地扎下根来。

听老人说，从前对热海的人来说，银座是个令人向往的地方。大家常说，"将来我要在银座开店"，"将来我要在银座居住"。

但是，在我们成立 machimori 的时候，热海银座已经萧条，全是空店铺，这条街成了所谓的"卷帘门街"（因为商店都停业，关着卷帘门而得名）。2011 年商业街的 1/3，即 10 家店铺变成空店，如果放任不管的话，空店将继续增加。这种萧条也拉低了热海的形象。

所以，我们想从热海银座开始。

热海银座就算作为观光步行街也是特别不错的地方，如今却沦为中心街区的租金洼地。

但是，很多老店有继承人，大家可以一起思考未来二三十年的热海，一起振兴街区。

为了改变这个地区，我们决定以点带面，首先聚焦一个点。这个点就是热海银座商业街的空店铺，我们决定在这里开咖啡厅。

CAFE RoCA 开业

2011 年的一天，我的伙伴二见先生发现了一处好地方，是位于热海银座的闲置了三年的店铺。

前面提到，当时的热海银座是"卷帘门街区"，有 1/3 的空店铺，二见先生发现的就是其中一家空店铺。这个房子是发行当地积分卡的封缄合作社所有的三层住宅中的一层。最上面一层是合作社的办公室，二楼出租，一楼一直空着。

闲置的一楼从前是证券公司，搬走之后就一直空着。面积非常大，有 50 坪（1 坪大约 3.306 平方米）。我看到这个地方的时候，就下定决心："从这里开始创业。"从这里开始的原因实际上在于不动产所有者。

我们找房子时也是在找能和我们共同承担最初项目风险的不动产所有者。也就是说，我们在这里启动项目就是因为我们和热海封缄合作社理事长、副理事长碰过面。

我们找房子时遇到藤中先生，他说的话我一直记着："如果你们是为了热海，为了银座要租这个房子的话，我就便宜租给你们。"或许是我们作为 NPO 活动时积累的信用以及对"釜鹤"老店年轻店主二见先生的信任吧。"或许生意做不好，但是有人进进出出就会热闹起来。"房东好像是这样想的，然后就把房子租给我们了。

但是，我们租下一楼的事情好像理所当然地遭到了一部分合作社成员的反对。

写字楼归合作社所有，出租时需要得到合作社成员全体会议的通过。当有人反对时，理事长和副理事长就说服他们："我们应该支持有理想的青年。"我们接受了房主的好意，同时，神经也跟着紧绷起来。

一般情况下，店铺即使闲置下来，房租也仍然居高不下，我们租的这个房子也是如此。从需求与供给的平衡来看，全是空店铺的地区房租应该下降，但实际情况却是一直未降。因为全国到处都是空店铺、空房子，大多数房主都不着急。

在热海的商业中心还有这样的情况。

热海的街区在从前繁荣之际，有很多夜店是为了旅馆、酒店的客人夜里来玩而开设的。但是，由于游客骤减，酒吧等夜店都不景气，很多店拖欠了几年的房租。

尽管拖欠房租，但无论如何都不答应关店，所以房东非常头疼。如果下调了闲置店铺的房租，新租客来了，但是也可能生意不好而拖欠房租。房东想收回房子就要大费周折。这样想来，房东就干脆不出租了，特别是不愿意租给那些贪图便宜、想法简单、很可能引起麻烦的租客。

另外，在中介看来，破破烂烂、无从下手的房子无法高价出租，基本赚不到手续费，所以他们也没有耐心去慢慢找一个好房客。

由于这些情况，热海的商业中心到处都是一直闲置的空店铺。

我们之所以能够以优惠的价格租下房子，是因为我们制订了咖啡店的运营计划，而且明确表明了我们要搞活街区的志向。为了不辜负支持我们挑战的房主的期待，我们也再次下定决心一定要作出一番成绩。

初期投资占 1/3

我们以非常优惠的条件租下房子之后,在正式开业前,我们做了各种尝试,积累了宝贵的经验。首先,非常受益的是关于初期投资。原本以为咖啡厅开业所需的初期投资接近 1000 万日元,但是清水义次先生建议:"投资 1/3,总之,降低初期投资非常重要。"我们接受了这个建议,仔细修改计划,能削减的开支都削减。效果特别显著的是建筑师与我们共同探讨方案,把费用尽可能压缩在预算内。我们咖啡厅的一切设计工作都拜托给了在清水先生的创业者训练营认识的"狮子建筑事务所"的嶋田洋平先生。嶋田先生曾在北九州推动了街区建设工作,在创新型街区建设方面是行业的领军人物。请嶋田先生给我们设计的契机是他来热海进行演讲。当时,他觉得热海的街区很有趣,就加入到我们的计划中来了。

另外,咖啡厅的很多用品都是免费获得的。观光协会会长森田金清先生对我们说:"我们闲置的写字楼里面的东西都可以拿去。"厨房电器、餐具、桌椅等都是免费拿来的。

除此之外,我们自己施工,参加"温泉魔盒"活动的朋友们也来给我们帮忙。嶋田先生和我们一起去了闲置的写字楼,调配能用得上的东西,为我们确定了施工的方向,并且去掉多余的设备,省去可有可无的施工程序,极力帮助我们节约开支。经过一番努力,最终费用控制在 350 万日元。

首先用自己的资金获得成功

实际上一减再减的 350 万日元的资金也不是那么容易筹集到的。首先，我们想募集资金开始事业，而不是融资。我在热海认识很多财界人物，也和几位重振热海的想法非常强烈的人聊过。我想，如果请他们提供资金的话会有办法吧。但是，事实并非如此。我先拜托了当时的大塚商会会长。会长在热海也经营酒店，他为热海的梅园以及位于热海中心系川沿岸的热海樱花林的重建，向热海市捐献了巨额资金。以前他就说："我要想办法改变热海银座。"我以为这位会长能为重振热海银座的事业出资，但是他丝毫不理会我。

接下来，我拜访了著名猪排连锁店 "MAISEN" 的创业者。他当时正在热海经营猪排店，我直接上门请求出资，但是，这位同样也没有答应我。

各位企业家对请求出资的我异口同声地表示："首先用自己的钱做生意，成功之后再来。到时候我再听你讲。如果最开始就用别人的钱创业就会被他人的意见左右，无法做自己想做的事情。所以，创业之初，首先自己想办法解决资金。"

听了他们的话，我感到自己有些娇气，非常感谢他们的提醒。最后，我向父母、亲戚借钱，又从银行贷款，筹集了资金。在后来的创业中我也贷过款，但这次是第一次，我觉得是最有分量的。

打造非家非职场的第三类场所

关于咖啡厅的概念，我最初考虑的是在热海街区"打造非家非职场的第三类场所"，相当于人们日常到访的社区。在《第三类场所——街区的核心 绝佳的地方》（Ray Oldenburg 著，忠平美幸译）这本书中提到，只有这种地方存在，才能诞生新的社区。我从自己的亲身经历当中也切实感受到第三类场所是非常重要的。

在我刚开始工作的时候，往返于家和公司之间，感到非常疲惫。这时，我偶然发现了我家附近的一个餐吧，在这里得到了救赎。当时，那里真是聚集了各种心情好的人，我遇到了在工作中无法遇到的人。仅仅在那里坐一坐，日常生活就充实起来。如果没有那个地方，或许我已经忘却了自己对热海的深情。我想在热海也建造这样一个地方。

在建造咖啡厅时，我思考了三个具体的目的。

第一，成为"温泉魔盒"活动的基地。通过"温泉魔盒"活动向当地人普及了当地的优点。我们的咖啡店想成为这个活动的基地。希望不太了解热海却不经意间来到咖啡厅的当地人、外地人在这里了解热海，成为热海的粉丝。如果能给大家提供这样一个契机就再好不过了。

漫步街区的人们，在"温泉魔盒"活动中以东道主身份开展各种旅行和讲座的人，可以在街区的这个基地举办活动，希望以这里为起点，和"温泉魔盒"活动一样，以各位东道主为核心而形成一个社区。

第二，成为创新型街区建设的基地。希望这里成为充满创造力的 30 多岁一代人的第三类场所。我们咖啡厅的目标是成为建设未来热海的有趣的人们的聚会场所。

开办咖啡厅不是我们的终点，而是我们的起点。

如果有人用新的方法把位于热海银座等商业中心引人注目的空店铺充分利用起来的话，街区就会发生改变。仅仅改造空店铺的外观不行，只有依靠充分利用空店铺的人，才能重振街区。正因如此，为有个性、有愿望又有趣的热海人打造第三类场所正是我们所追求的目标。

有趣的人们分散在街区各处，各做各的事情的话，难以形成大气候。而这些人自由随意地彼此联系起来，就可能推动街区的发展。

第三，连接街区与村落。我们之前还举办了"后院活动"。而且遇到了伊豆半岛的优秀生产者。热海的魅力不仅仅在街区，因为有了热海和伊豆半岛的自然风光和鲜美食材才有了热海街区的魅力。因此，我想在咖啡厅提供利用包括热海在内的伊豆半岛的食材作出的精美菜肴。从伊豆半岛及周边经营海产品和农业的人们那里购买食材做成菜肴出售的话，这些食材的魅力也将广为流传。我希望建立起伊豆半岛一次产业的生产者和热海居民、热海厨师、餐饮店店主之间的联系。我的目标是让热海居民、餐饮店、生产者之间建立起面对面的关系。

当地的人们轻松地聚到一起，一边吃饭一边自然地共享彼此的信息，然后，新人也加入进来，把这个街区当成给自己生活和工作带来契机的地方。大家成为热海的粉丝，粉丝继而成为支持者、参与者。希望"温泉魔盒"活动的目标在咖啡厅都能实现。这就是我的心愿。

困难重重的两年

2012年7月7日,CAFE RoCA开业了。咖啡厅名字中的RoCA意思就是"热海商业中心的创新",也就是重振热海中心地区。其中包含着把这里作为重振热海街区的起点的意思。

第一天开业我感受到一种从未有过的紧张与自豪。很多朋友为开业感到高兴,特意赶来捧场。开业的前两个月,不擅长接待客人的我也总是站在店里。夏天是热海的旅游旺季,很多客人光临小店。

但是,过了开业期,顾客锐减,销售低迷。要实现启动咖啡厅时提出的三个目标是很困难的。我想起当初要在热海银座开咖啡厅的时候,支持我们活动的热海银座的朋友说过这样的话:"在这种地方开店赚不到钱的,不要开了。"我深切地感受到这不是反感我们,而是出于热心对我们提出的忠告。

实际上,虽然咖啡厅开业了,但是最初一直亏损。2012年的时候,热海银座几乎没有行人,店里也几乎没有客人光临。当然,这是当初就料到的情况,我正是为了改变这种状况而开的咖啡厅。

尽管如此,始终没有客人的淡季还是非常难熬。一直亏损也不行呀。只是干等着,客人也不来,所以怎么也得想点办法让客人来。

第一年，反复多次举办活动，邀请了有幽默潜质的人，已经搞过一些趣味活动的人。就好像把从前在"温泉魔盒"活动中做的事情又在咖啡厅重新做一次一样。一年下来，举办了上百次的活动。

前两年每天都非常艰苦。咖啡厅开业 3 个月的时候，从开店以来就一直做店长的员工辞职了。他给我发来的短信只有一句话："从今天起我不去了。"

从这个咖啡厅开店以来一直支撑着店面的就是这名店长以及我的妻子。但是，妻子正好因为第一个孩子要出生，提前休产假了。得知店长辞职的消息后，妻子什么也没说，马上收拾一下，又回到了店里，真是给我救急了。

但是，后来妻子正式休产假，我只好雇用临时工。他们来了走，走了来，一直没有稳定下来。

职场氛围变差，于是服务下降，客人离开。咖啡厅的销售额自然也不断下降，陷入恶性循环。

在我走投无路的时候，我的第一个孩子出生了。这是一件大喜事，但是我的内心却因为咖啡厅能否维持下去而焦虑，每天痛苦不堪。有时候喝酒逃避，一段时间生活毫无头绪。现在想来，那时真是太对不起家人了。

经过一年多的时间，我终于熬过去了。一天，我下定决心："用半年时间重整咖啡厅。"连续三个月赢利之前我滴酒不沾，用半年时间扭亏为盈。下定决心之后，我准备和新来的店长一起重振咖啡厅。以往从不过目的收支账目现在每个月都认真查看，然后逐个想办法赢利。后来，妻子也正式回归。渐渐地客人多起来，回头客也增加了。销售额逐渐上涨，我非常高兴。半年后，顺利实现了连续三个月赢利的目标。

我们继续推行之前的对策以及第一年开始进行的活动，人渐渐多了起来。正巧当时在热海也有年轻人搞一些有趣的活动。原香苗是土生土长的热海人，在伦敦居住几年后又返回家乡，开始制作"热海T恤系列"。来到这里的人穿着原香苗设计的T恤，享受着DJ、VJ音乐活动……许多人举办活动，不只是年轻人，连老人也加入进来。于是，街区的氛围一点点改变。我们也能够听到人们谈论："热海银座越来越有趣了。"

两家相邻的药店把部分店面进行了重新装修，开始出售一些时尚的日用品。他们说："我们学习市来先生做了一些改造。"我感到非常高兴。而且，就在这期间，在商业街又有人开了一家咖啡厅。把老店改造一下，时隔数年又开业了……很久以来一直沉寂的商业街发生了明显变化。

一家有趣的店开业后，接下来还会有第二家、第三家，街区随之发生变化。虽然我们的咖啡厅规模不大，但是它和从前清水先生用红酒吧改变青山街区同样的现象正在出现。

CAFE RoCA 的成功与失败

直到 2012 年，热海银座还都是空店铺，但是现在完全改变了。新的租户开始利用空店铺，新店陆续开业，人流多起来，商业街的店主们积极参加活动。大型饮料厂商三得利也在这里打广告，成为我们的赞助商。

沉闷的气氛完全改变，这里正在逐渐恢复往日的朝气，成为真正的"中央热海"。

2017 年，CAFE RoCA 关门，以新的形式再出发。原本开设咖啡厅的初衷就是作为改造空店铺过多的商业中心的基地。已经有越来越多的人把热海银座的空店铺利用起来，尝试着重新营业。我觉得它已经完成了牵头的任务。改变地区的第一笔已经写好，它完成了使命。

我们最初提出的目标中，"成为温泉魔盒活动基地""成为创新型街区建设基地"这两项通过接下来的实业去达成。非常遗憾的是第三个目标——"连接街区和村落"没能完全达成。

正如我在前面叙述的那样，咖啡厅销售情况严峻，虽有起色，但从全年来看依然赤字。我不得不承认从餐饮店的经营上来说是失败的。

我在房子的五年合同到期后就决定关店了，当然也是再三犹豫之后作出的决定。CAFE RoCA 是我们的起点，有我们的梦想，关掉它自然觉得可惜。但是我们也不应该在亏损的状态下继续经营。

目标与得失

关店时，我把自己的心情和想法写下来，投给脸书。内容有点儿长，我引用一部分。

这个 CAFE RoCA 是热海创新型街区建设的起点。无论是迄今为止的创新型街区建设的发展，还是未来在这个地区的活动，这里永远都是重要的地方。在这里我们遇到了很多人，利用这里，并且有了新的发展。

我们 machimori 之后也进行了各种创业。从前没有人要在热海银座开店，但是我们首先做了。我们首先开始的这个 CAFE RoCA 意义非常重大。如果没有这里，之后的任何活动都无法展开。

历经五年，完成了一项任务。现在有许多人对我说，就想在热海银座开店。既然如此，我认为我们应该改变自己的角色了。今后不是单纯地改变某个地方，而是要挑战不同的事情。

接下来，都是非常直白的内容。在 CAFE RoCA 我真的学习到了很多东西。经营不易，员工们都很努力，许多粉丝和地区的朋友给予我们大力的支持。

但是，CAFE RoCA 不是成功案例，而是一个失败的案例。我并不是非常轻松地就承认了这个事实。而且，从相关人员、员工们

第 5 章 一个项目掀起变化

的角度出发,我真心不想写下这些内容。但是,失败就是失败,不正视这一点,就无法继续走下去。所谓的失败就是 CAFE RoCA 亏损,没能赢利。

无论打造了多么好的地方,业务亏损都是不行的。这对我来说是一个很好的经验,今后要充分利用这次的经验。

经营失败后关店。接下来,思考下一步。我想,今后会反复出现很多的成功与失败。我们还要挑战 machimori。我们不惧怕失败,要不断地挑战、尝试。

有 600 多人在我的投稿下留言"不错呀",我收到了 40 多条评论。正好当时 NHK 的"领先"节目对我进行了一个月左右的集中采访,虽然在节目中说出了我们的失败经历,但是也产生了很大反响。真没料到公开失败却有如此好的反响。

如前所述,街区的情况发生了变化。当初启动 CAFE RoCA 的时候,没有人想在这条街上开店。但是我们做了将近五年,现在想在热海银座开店的人渐渐出现了。2017 年 8 月,取代关门的咖啡厅,我们以合作店铺"RoCA"之名开了三家独立的餐饮店,首先开业的两家店铺是意式冰激凌店和意式餐厅。

原本我们想把有意愿在热海中心地区开店的人集中起来,为他们和房主牵线,从而支持他们在热海开店。这个机会终于成熟了。

在运用商业手段的街区建设方面,如清水先生所讲,目标和得失计算缺一不可。我们从事的是转租工作,从房主那里租来店铺,租给有想法的人。为此需要的是改造工作。新店的房租是我们公司的收益，把这项收益用于新的改造项目。这种转租开发者的角色就是现代版管家的一种。

虽然我的心里一直藏着一个想法，就是早晚要寻找机会，再挑战一次餐饮店。但是 CAFE RoCA 已经完成了它的任务，从长远角度考虑，我放下了这个执念。

> **第 5 章介绍的"成功要素"**
> - 邂逅有志向的不动产所有者。
> - 在街区建立有趣的人们聚会的基地。
> - 为了创业成功，适当降低初期投资。
> - 充分利用可以使用的关系网。
> - 做生意要和顾客、数字、员工打交道。
> - 建立一家有趣的小店之后，街区就会发生变化。
> - 对于不赢利的生意要承认失败，果断放弃。

第 6 章

街区粉丝也诞生于商业

招待所"MARUYA"

我们以往举办的"后院活动"、"温泉魔盒"、CAFE RoCA，以及后文要讲的热海海滨展销会等，这一系列活动并不是吸引非热海地区的人，而恰恰是吸引热海本地人。首先，令已经居住在热海的人成为当地的粉丝，提升大家搞活当地的积极性。

这些活动使我们听到了街区内外传来的"热海很有趣"的声音。我们感到吸引大家到热海来的时机已经成熟。因此，在CAFE RoCA之后，我们亲自操作的创新项目就是招待所项目。

我从自己的海外旅行经历感受到的就是一个好的街区、能给客人留下深刻印象的街区，必须有好的招待所。但是，在热海虽然有许多温泉旅馆，却没有我自己想入住的招待所。与热海创新型街区建设有着密切关系的蓝色工作室的大岛芳彦先生总是这样说："我们要做的是必须此时此地，必须由我们自己来完成的事业。"

因为热海银座位于有趣的街区入口处，而且现在我们感到热海当地有趣的人越来越多，所以现在能做且应该做的项目就是建设招待所。再者，我们和不动产所有者小仓一郎先生有很深的交情，也是因为这层关系，我们开始了这个项目。

我们想建招待所的地方正好在CAFE RoCA的对面，从前是个弹子游戏机店，关店之后闲置了10年。面积有100坪。在做弹子游戏机店的时候，好像被强制停业，地板凹凸不平，空调也不能使用。不做维修，根本没人租。这个房子要恢复到可以出租的状态，大概需要1000多万日元的投资。租户不确定，就不能投资维修。房子就这样一直闲置着，房主也没有办法。

房主小仓一郎先生是我们NPO法人atamista的理事，长期以来一直与我们一起从事街区建设工作。小仓先生比我大十岁，与他的结识是在我回热海的前一年，也就是2016年。通过别人的介绍，我听取了他对于热海现状的意见，这是第一次接触。那之后，完全可以说关于热海街区的所有事情我都受教于小仓先生。没有小仓先生就没有温泉魔盒活动。所以，我们无论如何都想把他的房产充分利用起来。

如果项目出发点单纯是做招待所的话，我们一定会找更加适合做招待所的房子。但是，这个项目是把小仓先生的房产——一楼闲置了10年的丸屋大厦重新改造，我们的项目从这里开始。这里能做什么？答案是招待所。

原本招待所的方案诞生的契机是2013年11月在热海举办的第一届创新学校@热海。把热海现有的空店铺作为题材，用三天两夜的时间制订事业计划，向房主提议，如果得到认可的话，再最终落实。就是在这个学校我们制订了招待所计划书。想出这个方案的团队成员是组长兼讲师的嶋田洋平先生，他也曾为我设计了咖啡厅CAFE RoCA；副组长是我。

通常是我们向房主提出方案，但这次不同，房主小仓先生也是项目组成员。其他成员包括热海市政府的工作人员、现代美术家户井田雄先生，他后来成为株式会社machimori的董事。

另外还有同样成为 machimori 董事的不动产管理专家三好明先生,以及因为大矶街区建设而闻名的原大祐先生。

结果,很多项目组成员在株式会社 machimori 增资,启动招待所的时候,都进行了投资。创新学校之后的两年,我们克服重重困难,终于迎来了招待所的开业。名字取自房主的丸屋喜助商店和大厦的名字,所以叫作"guest house MARUYA"(丸屋招待所)。

住惯了热海

招待所是交流型的纯住宿旅店。这个 guest house MARUYA 的外观结构如下：首先房间是胶囊形状，排列紧凑，一共 21 个房间，可以容纳 30 人住宿。除此之外，还为住宿者提供了共享的社交空间，大家可以坐下来喝茶聊天。

而且，为了让客人在街区玩得尽兴，我们也做了各种安排。比如，说起热海，自然想到温泉。但是招待所里没有温泉，所以让大家去外面的温泉馆泡温泉。

招待所附近就有当日往返的温泉馆，日航亭大汤和福岛屋。大汤温泉是热海的温泉起源地，据说有 1300 年的历史，德川家康也曾在此泡过温泉。而福岛屋也是历史悠久的温泉旅店。招待所的客人可以根据喜好任选一家温泉馆。

关于早餐，我们准备了米饭和酱汤，大家可以在附近的干货店买来自己喜欢的干货，然后拿到露台的烤肉处烤着吃。附近就有三家干货老店，这是热海银座独有的"奢华"。

这样，住在招待所的客人自然去热海街区逛逛，也随之与街区有了接触。以往来到热海的客人住在温泉旅馆、观光酒店，吃饭也几乎都在旅馆中解决，很少逛街。这样一来，他们就无法品味街区的乐趣。当然，或许很多人追求旅馆的模式，可能今后也不改变。但是，住宿选项如果仅仅局限于此也未免太可惜了。

一个人在 MARUYA 住一晚的费用在 4000 日元左右，长期居住也不用花很多钱。而且，由于住宿花钱较少，就可以把钱花在逛街、喝酒、品尝美食等方面，充分享受街区的生活。

实际上，很多人在 MARUYA 住宿，连续喝了好几家酒馆。老热海人都知道，热海原本就有连喝几家酒馆的文化。现在让客人们来体验一下。其中，确实有回头客在一家中意的酒馆建成之后，为了喝酒专程而来。

就这样，MARUYA 的作用变成了创造街区的粉丝，而非旅馆的粉丝。

"住惯了热海"，这正是 MARUYA 的存在意义。

改建招待所的困难

改建招待所遇到了各种各样的困难。自从在创新学校有了开招待所的想法之后,我们用了将近两年的时间才得以完成。

首先,半年的时间用在了 CAFE RoCA 的经营改革上。虽然决定接下来的项目是开一家招待所,但是我觉得一家公司不能在亏损的状态下就进入下一个项目。所以,我决定先改善经营状态,花力气做好迎接下一个项目的准备。

接下来的半年时间我的主要工作是进行建筑方面的调查,确认这栋房子是否真的可以开招待所;与行政人员沟通拿到许可权。我去了嶋田先生的"狮子建筑事务所",请他帮忙。嶋田先生曾经在创新学校担任过讲师,并且为我设计了咖啡厅。

从法律角度讲,不能随意改变建筑物的用途,原本用作店铺的房产要变更为旅馆,需要提交用途变更申请。对房龄 60 年的建筑进行用途变更的门槛很高。为了证明符合当时的《建筑标准法》,需要提交建楼时的相关文件。

但是,由于时间久远,房主一般不会保留这些文件。这样的话,就必须从头检查,要耗费大量时间和成本。初期投资就会超出预期,将导致很难在预算内完成项目。

我们想方设法解决问题,最终拿到了保健站、消防、建筑等各个部门的行政许可,这栋建筑可以改建为招待所了。与此同时，招待所的设计图也完成了。终于可以动工了。

但是，就在手续完成之前又遇到了困难。这些旧建筑的施工，当时的法律不像现在这么严谨，所以有时会遗留一些不符合现行《建筑标准法》的违规超建部分。继续使用这些违建部分就是违法的。这件事情我在消防检查的时候就了解到了，虽然已经完工，但必须拆了重建，又产生了多余的成本。

办理许可证的行政部门也协助我们进行了处理，但是协调需要时间，仅仅改建的图纸得到认可就用了一个月的时间。

开业准备已经就绪，员工也已经雇用完毕。本来开业就可以赚取的利润因为工期的拖延而消失，实际损失了几百万日元。开业之前一直处于困境当中。

协助建造招待所的人们

虽然困难重重，但是终于迎来了招待所的开业之日，这与各行各业朋友们的鼎力协助密不可分。在 MARUYA 的一角写有参加施工的人员名单。70 多个朋友参加了施工，与我们一起建起了招待所。不仅有住在热海的人，也有专程从东京赶来帮忙的。其中，还有每周都来帮忙的朋友。大家不仅一起刷油漆，还搭建房间的隔断、铺地板……

招待所的设计以及之后的部分施工，还有 DIY 工程的指导都委托了 HandyHouse project 的中田裕一先生。DIY 是 Do It Yourself 的简称，是自己动手施工的意思。HandyHouse project 的口号是"从梦想到完工"，这是一个主张从设计到施工的所有过程主人都参与，自己亲手建房子的建筑师集团。在中田先生以及 HandyHouse project 设计师集团成员的帮助下，借助很多人的力量，终于完成了招待所的建设。

但是，如此大规模的工程仅靠 DIY 无法完成。当地的工程队和设备店的人们也为我们提供了帮助。尤其是当地的大馆建设对我们的帮助非常大。对工程队来说，DIY 是给他们的工作带来麻烦的事情。因为专业人员施工时外行人一直在旁边转悠，其实很影响他们的工作。但是，他们欣然接受，真是毫无怨言地把我们的难题都解决了。他们常说的话是："好的，我来想办法。"然后,和现场的木工、电工师傅进行协调。

MARUYA 的每个房间都设计不同,与热海有关系的人、员工、热海的艺术家等各个领域的人为我们设计、选择壁纸。掌管整个施工过程的是启动招待所项目时建立的株式会社 machimori 董事——户井田雄先生。他是现代美术家,也精通工程,所以在施工现场和设计师、工程队人员边交流边工作。

为了获得行政许可进行协调的时候,和我们一起推进创新型街区建设的热海市产业振兴办公室的朋友们也大力支持了我们。政府部门的协助不是发放行政补助金,而是和我们一起挥洒汗水,发挥协调作用,协助我们解决问题。

在招待所的经营方面,中村功芳先生给了我们很多指导意见。中村先生曾在冈山县仓敷创建有邻庵招待所,也举办过招待所研讨会、招待所开业合宿等活动,支持建设与地区共存的招待所。中村先生访问热海,在理念创建、旅馆经营、招揽顾客等计划制订方面为我们进行了指导。

而且,招待所开业三个月前我们重新招聘员工,招待所的运营体系也渐渐完善了。

开业一年多来,有一名员工从招待所的启动直到现场经营一直在协助我,并且和我一起重建了 CAFE RoCA。也有员工是招待所建好之后加入进来的。他们都一直支持着 MARUYA。

招待所的资金筹备

招待所建设的初期投资虽然进行了压缩,但是投资规模依然是 CAFE RoCA 的 10 倍以上,超过了 4000 万日元。我们一共筹措了 4500 万日元左右,其中 740 万日元是公司的增资,热海的旅馆、当地燃气公司、热海银座的商店等来自各地的 20 多个朋友对我们进行了投资。

除此之外,我们也从金融机构贷款。公司的业务本身业绩不好,但是他们明白创新型街区建设是热海所需要的,所以商工会议所的人尽力支持我们,使我们从政策金融公库成功取得贷款。还有当地的信用金库、银行的各位朋友也想方设法帮助我们,为我们融资。

而且,我们招待所的"事业计划书"在 CAFE RoCA 经验的基础上,又参考了几家招待所的事业计划书,并且得到了指导,所以我们的计划书准确率很高。实际上,我们在第二年就基本完成了事业计划书中的任务。

如果仅仅是停留在想法阶段,金融机构当然不会给我们贷款。因为有了这样的事业计划书,另外虽然招待所只是在启动阶段,但是有很多当地和外地媒体进行了报道,从而使我们得到关注,这些都成了助推力量。

热海街区的游客数量开始恢复,这也成为我们巨大的支持力量。

而且，我们通过众筹集资成功，6 天达成了 100 万日元的目标。最终得到 200 人支持，集资大概 170 万日元。得益于全国创新学校的人脉，以往街区建设中积攒的人脉，很多人对我们给予了大力支持。

众筹不是默不作声就可以得到支持资金，所以我们向希望给予支持的 100 多位人士发出援助请求，并请求扩散消息。做众筹的第一个目的并非筹集资金，而是把关注招待所的朋友们聚到一起，提前把信息传达给要来 MARUYA 居住的粉丝朋友。也就是说，宣传是第一目的。结果，我后来邂逅了很多来热海住宿的朋友以及对热海街区建设极其关注的朋友。

招待所成为两地居住的入口

说起招待所,好像大家一般想到的都是外国背包客居住的地方。当然,我也希望这些外国人来到热海,但是我们招待所的主要客人是住在东京及附近城市的人。我们设定的客人是在东京生活、工作的25—35岁的女性,或者从前没住过招待所,但又比较感兴趣,在城市工作了两三年,不想把自己的生活局限在都市,还想在地方城市做点事情的人。

这些人愉快地来到热海,并且通过MARUYA喜欢上热海,经常过来。这是我在脑海中描绘出来的一幅画面。之所以想象出这样的画面是因为我个人的经历,我在东京工作生活的时候,曾经一个月回一次热海。

热海与东京的生活方式不同,大街上遍布的是个体商店,而不是连锁便利店。闲暇时,到海边看看海,到咖啡厅读读书。在热海过的是一种与东京不同的日常生活,在这里能够感受到生活的丰富多彩,能够治愈繁忙带来的疲倦。通过我自己的经历,我想可以在热海为大家打造出另一个生活基地——招待所,我相信一定会得到人们的支持。

招待所的目标是让客人感到来到热海不只是住一夜的旅游,也不是完全移居。我们要为客人创造旅游和移居之间的一种模式,创造出"旅行"和"长住"之间的多姿多彩的生活方式。这不仅是招待所的目标,也是热海未来街区的存在方式。

"把招待所建设成为两地居住的入口",这就是招待所的理念之一。希望它成为一个重要的切入点。

我在热海坚持街区建设的原因有两个,第一是"努力改变热海",第二是"让热海为大都市的人们提供丰富的生活"。我想通过MARUYA来实现第二条。

令我高兴的是,借着招待所的东风,许多人陆续移居,或者开始两地生活,也有人重新在热海创业。还有人虽然没有在热海长住,但是每月都入住MARUYA。我感到自己最初的目标已经完美实现,甚至超出预期。

热海入境比例低

到访热海的客人当中，国外游客的比例远远低于日本本土游客。2016 年，国外游客的比例低于 2%，2015 年是 1%。国外游客少的主要原因在于对外国人的了解较少，供国外游客居住的设施较少。可以单人住宿的旅馆很少，尤其是为背包客提供的低价便捷的旅馆更少。

热海的旅馆老字号长期以来的模式就是无论住宿还是菜肴必须达到一定质量标准，这样势必造成费用较高的情况。热海现有的旅馆都有固定的老主顾，所以现在还没有走低端路线的动机。而且，这种高级感也成就了热海这一温泉胜地的形象，所以，勉强改变经营模式存在风险。同时，热海的游客数量开始恢复，确实也没有改变的动机。

但是，从长远考虑，增加国外游客是必要的。因为日本人口在减少，吸引国外游客非常重要。向外国人展示热海的内在魅力，也将提高旅游胜地的价值。国外游客来到热海，使热海人有机会接触国外不同的文化，也促使我们重新审视自己的城市，并且进一步打磨。经过打磨锤炼，对国内游客也将更加富有吸引力。

不久前在热海召开的会议上，有人提出增加 30 万国外游客的目标。老字号旅馆的经营者也参加了这次会议，关于增加国

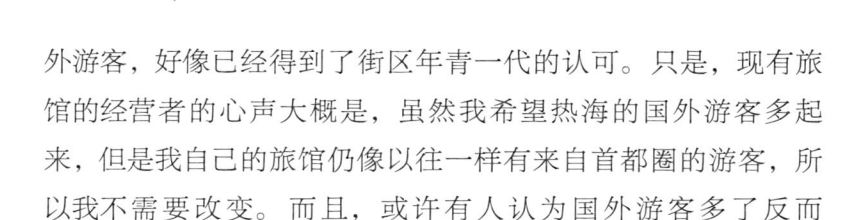

外游客,好像已经得到了街区年青一代的认可。只是,现有旅馆的经营者的心声大概是,虽然我希望热海的国外游客多起来,但是我自己的旅馆仍像以往一样有来自首都圈的游客,所以我不需要改变。而且,或许有人认为国外游客多了反而麻烦。

热海对于增加国外游客好像不太上心,但是如果考虑到未来日本人口减少、老龄化严重的问题,还是需要吸引国外游客的。

在增加国外游客这方面,其一,可以考虑如何为背包客提供方便。我们招待所的国外游客越来越多,能够轻松入住,对背包客来说无疑是很方便的。

其二,主动向国外游客发送信息。实际上,在可以称作海外版"环游地球"的 *Lonely Planet* 这本厚厚的导游手册里,热海的信息只有1/4页。而且,书中甚至写着:"热海没有什么好景点,住宿又贵,还是去伊东或下田吧。"在我自己是背包客的时候,看到了这条内容后,就曾想过有一天要改写它。

欧美游客、亚洲富裕国家的游客在街区散步,了解街区的文化风情,在街区短期居住,享受这里的生活。这样的客人多起来,街区也将更加充满魅力。因此,吸引国外游客也是我们建立招待所的一个目的。

发展旅游事业，助力街区建设

　　有了招待所之后，到访客人的住宿方式也将逐渐改变。比如，住在 MARUYA 的年轻人常常高兴地说："我和干货店的老板成朋友了。"另外，MARUYA 的露台面朝银座大街，上面有一个"MARUYA 露天酒吧"，当地人、商业街的人常常来这里，大家逐渐相识。

　　招待所开业之后还有一件令我高兴的事情是和餐饮店的人的联系多了起来。以前只是说声"你好""欢迎"，现在每当我进店的时候，他们就会先打招呼："谢谢您一直以来的关照。"然后我回答："我也要谢谢您。"餐饮店的人还会告诉我："MARUYA 的客人常常来我们这里用餐。最近来了这样一位客人……"我实实在在地感受到 MARUYA 一直得到这些朋友的支持。而且，同为本地人的我们和餐饮店的人之间的关系也因为招待所的客人而密切起来。

　　招待所就这样以各种各样的形式促进人与人之间的交流，构建出游客和当地人都能愉快生活的环境。

　　从前的旅游方式是大量生产大量消费的旅游。旅游景点如果有游客就会产生很多垃圾。世界遗产也是游客越多越乱。但是，这对于街区却没有任何益处。我们要发展对游客对街区都有益处的旅游。我想从招待所开始进行一些小的改变。

之前热海中心街区衰落的原因是大型酒店、旅馆把游客的吃住行都包揽下来。我们现在从事的事业可以说是针对从前街区衰落的原因对症下药,我们要建立新的街区旅游方式。

街区人们感受的变化——人是街区的名片

Guest house MARUYA 刚开业半年左右的时候,知名度较低,经营情况严峻。但是,我们努力扎扎实实地提高满意度,增加回头客的数量,媒体也经常给予报道,经营状况逐渐好转。

当初媒体报道我们的一个原因在于招待所是来源于创新学校的实业,是首次真正启动的项目。而且,我们当初采用的众筹集资也成为网络媒体的关注焦点。借助媒体的宣传,招待所的业绩有所好转。

现在,正如我们所设想的,国外游客前来入住,而且,二三十岁的女性游客正在增加。

招待所每周都举办街区漫步活动,员工也都非常了解热海,所以能够详细指导住宿客人在热海怎么玩。这是我们招待所的独特、有趣之处。

热海银座的面貌也完全改变了。曾经全是空店铺的大街,现在餐饮店多起来,热海的办事处数量也在增加。以前几乎没有行人的大街,现在热闹多了。"这里总有年轻人和外国人呀。"人们的感慨也在彰显着整个商业街风貌的转变。人们愉快的精神风貌正是街区的名片。

街区的改变并不是从建筑翻新开始,而是由人聚集起来而发生的。

以创造热海粉丝为目的的"温泉魔盒"活动每年有一两个月的举办期，只有在这期间参加活动的人才能登记在册，这个活动也没有盈利。但是，由于MARUYA的建成，每天都能有粉丝产生。而且，招待所是一项实业，有盈利，可以持续发展下去。MARUYA开业两年多一点，就有超万人入住。虽然尚未成功，依然在挑战途中，但是我感觉我们努力的方向没有错。

第6章介绍的"成功要素"

- 找出街区功能不完善的地方，抓住这一点进行创业。
- 创造街区的粉丝，而不仅仅是招待所的粉丝。
- 设计方案，找到切入点，使招待所客人自然地融入街区。
- 通过众筹、DIY、出资，吸引更多人参与事业。
- 明确企业理念和顾客群体。
- 人们愉快的精神风貌就是街区的名片。

第 7 章

打造企业蓬勃发展的环境

热海海滨展销会

我们启动 CAFE RoCA 的时候，热海银座的人自暴自弃的情绪很浓，他们常说，这个街区没有未来。但是，街区稍微有所变化之后，人们的情绪也渐渐改变。能够看见曙光，心情也好起来了。

为了进一步推动街区发展，我们又启动了"热海海滨展销会——手工艺品和农产品展销会"。活动两个月举办一次，活动期间把热海银座变成步行街。这也是由我们公司牵头，组建执行委员会运营。在得到商业街及周边地区会长同意的前提下举办。第一次有 20 家店参展，逐渐增加，后来通常有四五十家店铺参展。

2013 年 11 月，第一届"热海海滨展销会"开幕了。热海银座变成步行街，大街上有很多店出展，接近 4000 人到场。商业街平日行人只有 600 人左右，现在竟然来了这么多的人，这景象令人激动。商业街的人们或许与我有同感吧。有人这样对我说："除了节日，我已经几十年没看到这么多人了。"

但是，这个展销会并不仅仅是为商业街营造热闹的气氛，真正的目的是以下两点。

首先，挖掘未来有意在热海街区开店、开工作室的人才，并提供支持。其次，把道路这个平常未被利用的公共空间变成人们的生活场所之一。

"展销会是有意在热海做生意、开工作室的人尝试创业的地方"。这是真正的目的。改造热海银座等商业街扎眼的空店铺，吸引有意愿开店的人，作为他们创业的前期准备。开店前首先要有粉丝。希望大家充分利用展销会，好好尝试、练手。

"热海海滨展销会"的参加条件主要是手工、本地、挑战经商这三个。

第一个条件是手工。今后要进货销售的生意不可以。尤其是在人烟稀少的地方城市，薄利多销办不到。卖自家制作的东西，毛利也高，手头会剩很多钱。另外，像旧货市场那样摆摊卖自家不要的衣服，这种也不许出现在展销会上。

第二个条件是本地。并不是全国各地都可以参加。参加对象是热海、伊豆半岛、静冈县、神奈川县西部的人，或者其他地区对在热海开店感兴趣的人。

第三个条件是挑战经商。拒绝完全凭兴趣来参会的人。不论规模大小，只要有意经商即可。希望那些想认认真真做买卖的人参加，哪怕是小本生意也无妨。

展销会准备期间按照上述标准进行筛选。

"热海海滨展销会"从 2013 年开始，到 2017 年每年举办 6 次，每次有四五十家店铺参展。让我高兴的是，"热海海滨展销会"作为挑战新事物的场所充分发挥了其功能。比如，在热海做陶艺的手工艺者、热海的农民在展会上摆摊，做移动餐饮销售的人、未来想开餐饮店的人，也来到我们这里摆摊。未来想创业的人、想开店的人都来到展销会上进行尝试。

以"先斩后奏"的方式获得理解

实际上,我们提议举办"热海海滨展销会"的时候,得到了商业街一半人的赞成,还有一半人表示反对。许多人说:"步行街没法通车,会影响我家的生意。"

我们根据以往的经验已经明白,如果事先得到所有人的同意再开始一个活动的话,那么将永远原地踏步。我们在商业街转了一圈,向人们进行了一番讲解。但是,不实际操作,永远不能理解其意义。因此,我们的战术是"先斩后奏"。

我们想扎扎实实地参与到改变热海银座的工作中。要改变热海银座,最终必须和地区的各位,即所有的不动产所有者合作,只有这样,热海银座才能持续向好发展。正因如此,我们要慢慢花费时间与银座大街的人建立起信任关系。

从展销会启动到 2017 年 3 月,长期担任执行委员长的植田翔子女士以及大学生实习生都给予我大力的支持。我们从 2011 年开始接受实习生,至今已有 16 名。大多数实习生在热海居住了半年到一年的时间。他们在一线负责我们的新业务启动工作。

实习生在展销会活动中也发挥了重要的作用。从启动到后续机构创建都离不开他们的辛勤工作。每次举办展销会都要向商业街的所有店铺进行四五次说明。最初是我亲自说明,后来由员工、实习生去各店铺讲解。但是，我们经常被教训，这是一项很讨厌的任务。经历了半年，有的实习生抱怨："我再也不做什么街区建设了，太辛苦。"

但是，坚持下去就有所改变。那名同学一年后来到热海银座的时候，看到街区人们的变化非常吃惊。他说："商业街的人们支持展销会，我感动得流泪了。"

实际上，变化是一点点发生的。展销会开始半年后，曾经反对的人说："嗯，挺好的呀。"一年后，他们主动跟我们打招呼："加油啊。"两年后，曾经说"变成步行街，我的销售额就会下降"的人在展会那天在街上亲自摆摊，并且告诉我们："卖得很好。"

令我高兴的是，三年后，商业街的一些人对我们说："我们不能只靠别人搞展销会，我们自己必须做点什么。"我们的目标就是自己建设自己的街区，希望这样的人越来越多。不依靠别人的活动，而要亲自行动起来。我们的工作对大家产生了如此的触动，这令我由衷地高兴。

虽说"先斩后奏"，但并非只是简单的解释、道歉。每逢展会时，我们都向商业街的众人说明我们的目的。仅靠一天的活动获利不是目的。或许暂时现有店铺的销售额会下降，但是借此机会，利用空店铺开店的人逐渐增加的话，商业街平时也会热闹起来。

我们一直这样讲解着，渐渐得到了大家的赞同。我们坚持举办展会，也看到了起色。当地人对我们说："热海银座最近有很多活动啊。越来越热闹了。"参加展销会的人也并不是都真的要在热海街区开店,但是,确实有一些人开始对空店铺、闲置仓库进行改造,重新开起商店或者咖啡厅。在步行街隔月出摊的人当中,也逐渐出现一些改造热海商业街空店铺的人。

通过"热海海滨展销会",热海商业街的店铺成为新人的挑战地,也因此而闻名。很多志愿者加入到展销会活动当中。包括在热海工作的人、移居热海的人、来自东京的大学生等。

大家不仅来热海银座消费,而且加入到活动当中,来到这里做些更有意义的事情。这样的人的增加也让大家感受到"热海银座很有趣"。

展销会的另一个目的是充分利用道路这个公共空间。道路上人多起来热闹起来,人们的脸上洋溢着欢快的笑容,我们能够感受到一切变好的可能性。

创业不断涌现的 naedoco

由于展销会的功效，重新在热海创业的人或者想在热海创业的人多起来。热海市观光经济科产业振兴办公室的工作人员对我们说："热海市决定实施创业支持政策，已经有了预算，希望你们给出具体的建议。"他们提及："建造创业者孵化基地如何？"这个想法就是由政府部门建造供创业者使用的设施。

这些政府人员我比较熟悉，因为曾与他们一起推动过创新型街区建设工作，也由于有这层关系，我非常坦率地表达了我的意见。我说："建立起公共建筑后做什么呢？不要再搞这些东西了。场地我们民间来解决。但是，请政府部门的人员也和市民一样交场地费后使用。产业振兴办公室不必在市政府大楼里办公，到街区去。只有在市民、创业者所在的地方才能了解他们的真正需求。"

就这样，我们又开始了名为"naedoco"的项目。实际上我们一直想找个地方建立一个新的基地。

这次的契机仍然和 MARUYA 一样来源于创新学校。2013 年举办了第一期创新学校之后，2014 年 6 月又举办了第二期创新学校@热海。当时作为研究题材的一处房产也是位于热海银座，名叫佐藤椿大厦。大厦主人是佐藤秀幸先生，在热海银座振兴工会长期担任理事长一职。

第 7 章 打造企业蓬勃发展的环境

大厦的一楼是椿油店，从大正时代起一直制造销售椿油。大厦二楼是闲置的，大楼建成后 57 年都未使用过。2016 年 7 月，我们就在这里建立了 naedoco 共享工作空间。

共享工作空间里有 Wi-Fi，可以上网。在现在这个时代，有了网络、手机，基本就可以办公了。未来根据需要，部分空间可能需要设置隔断，现在还没有固定座位。

这个共享空间的使用费用是：若只有一个人使用的话，每月 1 万日元，如果公司的人员增加，从第二个人开始，平均每人 7500 日元。

而且，naedoco 的地址可以用作公司办公地址进行法人登记。这种情况下一个月加 5000 日元。

因为是共享工作空间，而不是隔开出租固定座位，所以整个工作空间里的所有空地大家都可以随意使用。

想创业的人可以在这里制订事业计划书，现有企业可以把这里当作卫星办公室使用，可以以各种形式进行使用。

除此之外，大学老师、自由作家也加入进来。这里不是单纯地出租办公室，而是共享工作空间，其优点是在这里工作的人之间开始了频繁的交流。

已经有 5 家公司把 naedoco 作为注册公司地址，还有公司把这里作为本部。还有人在这里开设了支持创业的学校，大家开展各种项目。

我们与热海市合作，希望从这里不断诞生出扎根热海的创业者。如何通过这样的地方在热海街区增加就业岗位，创造出新的产业，这非常具有挑战性。

而且,创造出高价值产业,提高人均收入,这也是创新型街区建设应该追求的目标。

> **第 7 章介绍的"成功要素"**
> - 为了在街区创业,要做好前期准备。
> - 为了改变街区,不仅需要达成共识,更需要观察、感受,之后再做改变。
> - 可持续性的街区事业,比起依赖政府扶持,不如民间主导的商业化有效。
> - 真正的街区振兴需要诞生很多企业。

第 8 章

描绘蓝图，改变街区

有创意的"而立一代"选择的街区

从前启动 machimori 的时候我们描绘出了热海银座地区的愿景。"创建有创意的'而立一代'选择的街区"。因为重振热海时,我想让 30 多岁的这一代人拉动街区建设。

我们希望来到热海的有创意的人并不一定就是设计师、艺术家这样的创作者,我认为亲自创造自己的工作和生活的人都是有创意的人。从这个意义上讲,为自己开启新的事业的创业者也是有创造力的人。希望愿意创造自己的生活,愿意为街区建设贡献力量的人聚到一起。而我们的工作就是为他们提供方便活动、适合挑战的环境。

但是,热海的游客明显减少,商业中心几乎没有什么行人,有创意的人看起来也没有真正行动起来。根本没有人想在这个地区开始创业。正因为如此,我们必须亲自开店运营。我们只有自己开店,并且取得成功,才能打破商业中心沉闷的氛围。

也就是说,CAFE RoCA 和招待所都是为了实现"创建有创意的'而立一代'选择的街区"这一愿景而推出的项目。

工作与生活的中坚力量——而立一代

"为什么不是 20 多岁、40 多岁的人,而是 30 多岁的人呢?"有人或许对我们提出的愿景心存疑虑。虽然提出的是 30 多岁的一代人,但是 25—29 岁、40—45 岁的这些人也在我们考虑的范围之内。

我们特意锁定 30 多岁的人,而非其他年龄段,是因为这个年龄段的人最容易影响其他人。30 多岁的人渐渐开始注意父母的养老问题,当然也要照顾孩子。通过养育子女开始与地区产生联系。

另外,对于比他们年轻的一代人来说,如果看到 30 多岁的人工作稳定,生活充实,他们也将开始憧憬未来在这个街区生活。

而且,很多年长者愿意支持年轻人组织的活动。我认为,实际上要想创业的话,25—30 岁是最好的时期。

所以,谈到创造自己的生活和工作,30 多岁的人正是最适合挑战的一代。正因如此,当我们考虑热海街区的未来时,把充满创意想法的 30 多岁的人看作非常重要的一代。

如果要在热海单纯追求方便舒适的话,好像还有不足。便于生活的大型连锁店很少见,在街区不能买到所有想买的东西。但是,正因为是这样的街区,想在这里做点事情的人会有许多用武之地，会感到这里很有趣。

热海的魅力在于可以得到与首都圈不同的东西。热海如果失去了有别于首都圈的独到之处的话，可以说她就没有存在价值了。为了把热海的独特文化挖掘出来，我们需要的就是能够积极创造出自己所追求的有创意的人。

打造一个共享愿景的地方

"创建有创意的'而立一代'选择的街区"是我们描绘的街区愿景,实际上在启动 CAFE RoCA 时,我们就已经建立了一个与当地人共享街区愿景的场所。

比如,从 2011 年到 2012 年年初,我们在清水义次先生的帮助下举办了三次"改变街区研讨会"。当时参加活动的有 CAFE RoCA 大厦所有者的合作社的工作人员,在热海银座经营商店的人,热海银座的年轻店主,以及在其他地区开店创业的当地的前辈创业者,还有在以前活动中结识的设计师、艺术家等,总人数在 40 人左右。

首先,在创新型街区建设方面,要设定一个小区域范围。我们设定的是以热海银座为起点的大约 200 米见方的地区。地区过大产生的冲击力会减少。而且,像我在热海展销会部分所阐述的那样,在小区域范围内可以和地区的不动产所有者建立起亲近的关系。

接下来,分组思考地区的未来构想,思考在这个地区做什么项目合适,然后发言、交流。我们的目的是组建一个未来负责街区建设的团队。

在这个研讨会上虽然只是单纯思考未来的构想、策略,但是也觉得很满意。在研讨会上,我们提出了我们的地区愿景,为了改变这里，我们首先宣布开设咖啡厅。与愿景同样重要的是承担这一愿景构想的先导项目。除了我们的提议，大家还提出把道路改建为步行街，想开餐饮店的人提议建一处可以实践的场所。

这个研究会的参与者包括从 20 多岁的人到 60 多岁的人，大家共同思考，效果有两个。第一，大家发现热海有这么多有积极性、有想法的人。第二，我自己也感受到了这里的氛围，我有一种这个地区一定会改变的预感。

热海银座开始改变

2011 年启动株式会社 machimori，举办改变街区的研讨会，之后五年分别启动了 CAFE RoCA、热海海滨展销会、guest house MARUYA、naedoco 等项目，在热海银座几乎每年都有新项目。

通过这些项目，吸引了很多热海的有创意的人。我真切地感受到我们在立志重振热海时所提出的"有创意的'而立一代'选择的街区"这一目标正在逐渐实现。

尤其是从 2016 年开始，有趣有魅力的参与者不断集中到我们的街区里来。比如，我们携手几个朋友，以热海为基地开设了三家店，分别是品牌服饰"Eatable of Many Orders"、意式餐厅"Caffe bar QUARTO"、冰激凌店"La DOPPIETTA"。

Eatable 在东京和巴黎举办个展，在大型精品店出售，粉丝遍布海内外，是非常有实力的服饰品牌。新居幸治夫妇 2007 年从欧洲回到日本后，以热海为基地建立工作室，举办活动。工作室附属的第一家店铺也选择在热海，进驻 naedoco 所在的佐藤椿大厦的半地下室。

Caffe bar QUARTO 的店主是加藤麻衣女士，我与她的结识是因为 2010 年参加了在热海举办的实地考察项目。当时她曾对我说："未来我想开一家意大利餐厅。"她的这个梦想在热海而非东京得以实现了。她移居热海，开始经营这家意大利餐厅。

第 8 章 描绘蓝图，改变街区

La DOPPIETTA 的店主太田贤二先生老家是静冈县。他曾远赴意大利学习披萨制作，积累经验后，在武藏小山开了名为"La TRIPRETTA"的超高人气披萨店。他的第二家店铺是冰激凌店，想开在自己的老家静冈县，于是选择了热海。

Caffe bar QUARTO 和 La DOPPIETTA 这两家店铺于 2017 年继 CAFE RoCA 之后，加入到合作店铺 RoCA 当中。除此之外，艺术家、创作者也被吸引到这个地区。从 2011 年开始，历经 6 年时间，热海银座真正成为有创意的人选择的街区。

而且，在热海港町网代非常受欢迎的定食屋也即将在热海银座开业，空店铺逐渐消失。

回首往事，2011 年热海银座大街的 30 家店铺当中有 10 家，也就是 1/3 是空店铺。现在逐渐减少，目前（2018 年）还剩 4 家。热海银座旁边的浜町观光路商业街也陆续开了很多店。

以前被很多人称作"卷帘门大街"的商业街的变化可以说是热海变化的象征。

从前游客和当地人都不怎么光顾热海银座，2010 年热海市进行的行人数量调查显示，热海银座比其他任何商业街的行人数量都少。得知这一结果的热海银座人目瞪口呆，他们的表情我记忆犹新。

但是，经过 6 年，热海银座商业街的形象完全改变。有人说："我即使没事也想去银座转转。去的话可能就会遇到谁。"还有，时隔数年重访热海的人这样说："这几年热海真的变了，尤其是热海银座发生了巨大的变化。年轻人多起来，时尚有趣的店增加了。"

地区产生魅力,人自然多起来,空店铺也逐渐减少。最后,这个地区的地价开始上涨。创新型街区建设目的是地区价值上升,现在它以不动产价格上涨的形式呈现出来。可以说,我们的街区建设也终于看见成果了。

青年、女性、老人，多样人群营造多样化氛围

今后想要在热海开始新工作，构筑新生活的时候，重要的是考虑女性的感受吧。在日常生活方面，通常女性是主角，主管家务与育儿。而且，在旅游方面，老板娘、女招待们活跃在接待游客的一线上。从这些事实来看，熟知女性意见，并且采纳她们的意见、想法，是开展新的工作与生活不可或缺的条件。

女性多数对新事物有着敏锐的反应。比如，我们举办的"温泉魔盒"活动的参加者中 70% 是女性。现在，旅游中心从团体转向个人，从宴会型变化为体验型，为了应对这种变化而举办了"温泉魔盒"活动，对此迅速产生兴趣的女性数量远远高于男性。或许女性对五彩斑斓的生活更加充满热情吧。这种积极的态度正是改变街区的动力。事实证明也的确如此，很多女性想要在热海创业。

要打造出有创意的"而立一代"选择的街区，必须重视能够迅速发现新事物魅力、积极追求新事物的女性。以往街区作出重大决定之前，主要考虑男性、年长者的意见。今后我们要综合考虑女性、年轻人、来自其他地区的人、外国人等众多人的意见，不受年龄、性别、国籍的局限，让更多的人参与，彼此联系，共同努力，打造魅力街区。

正因为热海曾经是一个接纳多样化人群的温泉胜地，所以我们将再次通过接纳多样化意见来建设更好的街区。

热海创新型街区建设的未来

热海银座的下一个创新项目是合租房计划。这也是在 2017 年 1 月举办的"创新学校@热海"里诞生的项目。项目成员正在建设公司，进行准备。

参与这个项目计划的一名成员是从事企业人才开发、人才培养的职业咨询师——斋藤女士。

10 年前她开始在伊东设立办事处，曾为旅馆经营者进行职业规划、经营指导，对旅馆工作人员的居住环境问题产生兴趣。旅馆行业离职率高是普遍存在的问题，热海也有很多年轻人从旅馆辞职到别的城市去。

而且，在热海工作的年轻人多数在旅馆、酒店、医院、市政府等地工作，居住问题很难解决。有关热海的二三十岁年轻人流失的问题在前面也提到过，原因之一就是居住环境。

说起年轻人的离开，大家一定认为是因为没工作。当然有这种情况，但是在热海，很多人虽然在此工作却不在此居住，这一点通过数据就可以了解。从热海通勤到其他地区工作的有大约 4000 人，而从其他地区通勤来热海工作的有大约 6000 人，其中相差 2000 人。

我常常听到有人说："我真想在热海居住，但是没有好房子，只能在别的城市住了"，"热海的房子太贵了，所以就住到其他地方了"。其实，很多人想在热海居住，却住不了。还有人虽然在热海找到了工作，并且居住下来，但是因为结婚生育又搬到了相邻的小田原。

小时候在热海生活，长大后由于升学、工作的关系，在20多岁时离开，这种情况姑且可以理解，但是在热海工作，却在30多岁时离开，这就有问题了。

这是街区的损失。如果在热海工作，在街区附近居住的话，就可以在这附近喝酒，然后回家，这样就会产生消费。但是，从相邻的城市开车通勤来热海工作的话，就无法在街区消费了。

热海的平均房租高过周边地区，原因在于热海住宅的两极分化。又新又漂亮的房子几乎都是度假公寓。这对于在这里工作的年轻人来说太过昂贵。而街区里的旧房子又几乎都是房龄五六十年的，而且多数是无法居住的长年空房，都破烂不堪。这些房子大多无法拿到中介出租或出售。

年轻人想居住的价廉物美的房子根本不够。这对旅馆来说也是一个问题。虽然想为员工提供宿舍，但是找不到合适的房子。对旅馆来说，为员工提供良好的住宿条件是保证员工不流失的重要因素。

我们想打造一处可以让这些在热海工作的人居住生活的地方，而且他们在生活中始终保持着与街区的密切联系。于是就诞生了我们的合租房计划。现在的热海银座常常发生一些有趣的事情，希望他们在这里能够与各行各业的人相逢相知，从而爱上热海，在热海扎根。

热海银座的建筑，一楼基本都使用了，但是二三楼还有很多闲置的。听说在热海银座的鼎盛时期，有的家族式店铺雇用员工几人到近20人，都是管吃管住的形式。从前热海银座不仅游客众多，长期居住的居民也是现在的10倍以上。

在衰落的地区，仅凭商店持续振兴街区非常困难。我们要通过住宿、办公、居住来增加街区日常停留的人口，从而增加街区的日常消费人口，同时带动餐饮店和商店的生意。建设招待所和共享工作空间也是出于该目的。增加中心街区的人口也应该是热海创新型街区建设的一个成果。

合租房项目与建设招待所的时候一样，在建筑用途变更手续上遇到了很大的障碍。我们想方设法克服困难，解决问题，让更多的人住进热海银座，进而重振热海银座街区。

现代版管家的职责
——架起地区和创业者的桥梁

在热海银座的创新型街区建设逐渐成形时,热海的其他地区也有很多人开始重新创业。几年前我就曾经想过,我们的株式会社 machimori 也不应该局限在热海银座,而应在热海所有地区开展业务。正在这时,在另外两个地区,完全不同的创业者想要进行的项目由于遭到附近居民反对,都暂时被迫停下。原因是多方面的,但我认为最根本的原因就是缺少"管家"。

没有人为地区的新创业者和不动产所有者等当地人士牵线搭桥,地区重建无法顺利进行。如果这个地区有管家这种角色的话,项目就不会失败。

创业者和当地人在经验、想法上存在分歧,所以往往不能顺利沟通。但是,如果有一个中间人进行沟通、协调的话,应该更容易建立起信任关系。

在热海街区还是需要建立管家公司的,单凭我们的力量无法构筑起与所有地区居民之间的信任关系。在各个地区都应该建立一家特定的个性化的管家公司。

受此影响,我又有了一个决定,"我们的株式会社 machimori 也不再扩大,还是把精力都集中在热海银座,让热海银座取得绝对的成功"。

第 7 章的展销会部分曾经叙述过,我们在热海银座为了得到地区居民的理解,建立起信任关系,也花费了很长时间。如果我们拓展地区的话,那么与热海银座的人就很难有更多时间进行交流,投入到热海银座的精力变少,很可能动摇根基。

经过一系列活动,我感到热海银座的人真是在大力支持我们。尽管有时被其他地区居民批评误解,但是热海银座的人们是我们的后盾,经常帮助我们消除误解,这增强了我们的自信。正因如此,我们要让热海银座取得绝对成功,创造出一个尽人皆知、清晰可见的成功案例。

展销活动也是在离开热海银座一年后举办的,现在决定再次回到热海银座。

热海是地方城市当中一座很小的城市,在这个小城中有一处更小的银座街区,我就要提升这个街区的价值。今后我们要朝着这个目标前进,因为我认为这是重振热海中心街区的捷径。

第 8 章介绍的"成功要素"

- 设定一个小的地区,描绘出其地区愿景。
- 建立一个与地区内外致力于街区建设事业的人共享愿景的地方。
- 为了实现愿景,把民间独创项目不断投向地区。
- 观察街区变化,改变自我角色。
- 亲自承担工作和生活重任,改变街区,其核心力量是有创意的"而立一代"。
- 正因为有为地区和创业者牵线的现代版管家的存在,才有共赢关系的成立。

第 9 章

各行各业的参与者
打造热海的未来

政府真正行动起来

创新学校虽然在全国各地开办，但是像热海这样从民间行动起来而非政府牵头的案例还很少见。但是，就重振热海而言，政府决不再像以往那样袖手旁观。

启动 CAFE RoCA 之后的第二年，2013 年，HEAD 研究会主办了"创新研讨会@热海"。HEAD 研究会是建筑不动产领域专家为探求未来产业而建立的。HEAD 研究会的创新突击队委员长由前面提到的蓝色工作室的大岛芳彦先生担任，我有幸结识了以大岛先生为代表的创新行业最前沿的领军人物。

得益于结识了清水先生和嶋田先生，创新研讨会能够在热海举办。当时有 100 多位建筑专家和不动产专家出席，热海当地有近 100 人出席，这次研讨会总计有 200 多位参会者。当时的热烈气氛我至今难忘，也是因为这次研讨会让我有一种预感，热海或许将发生巨大的改变。

借着这次活动的契机，而且得到了清水先生和 HEAD 研究会的支持，同年举办了第一期"创新学校@热海"。

在这些活动中，总有热海市政府的一线行政人员的身影，他们和我们民间共同努力。而且，至今已经有 5 名政府工作人员参加"创新学校@热海"活动，一起推敲房产重新利用的事业计划。

但是，热海市的城市政策不直接助力创新街区建设，对此我确实也很焦急。

不过，到了 2016 年，热海市终于开始真正行动起来了。2016 年 2 月的议会上，热海市的市长斋藤荣先生在施政演说中这样说道："为了促进地区资源闲置或利用率低下的不动产的再利用，为了完善新的商业环境，将制定创新型街区建设构想。我们要兼顾强化创业支持体制和创新型街区建设，在热海创造新的产业和就业机会，建设繁荣的街区。"

这意味着把创新型街区建设定位为热海的产业培育政策的核心。原本创新型街区建设是民间牵头的活动，但是为了进一步推动它的发展，行政层面的城市政策也不可或缺。我们终于迎来了期待已久的完善的政府环境，政府终于开始致力于实现街区建设构想。这也是在行政一线工作的人们努力的结果。

实际上，在斋藤市长发表演说之前，当时的产业振兴办公室的小山绿室长曾经有过这样的发言："我们现在对热海的未来有着强烈的危机感。我们必须更加认真做事，拼命工作。所以，请市来先生也和我们一起赴汤蹈火。"

我自己一直以来怀着这种信念致力于街区建设，所以我被她的话打动了。我想，"在政府行政人员当中出现了与我们有同样心情，有着如此坚定决心投身于街区建设的伙伴，我们民间如此不起眼的活动终于可以进入到下一个阶段了"。

斋藤市长在施政演说中还有这样一段发言："为了给年轻人创造就业机会，搞活地区经济，必须完善商业环境，发展新型商业，开展商业活动，构建包括第一产业在内的多样化产业结构。为此,进一步加强平成二十七年以热海商工会议所为中心,城市、金融机构、住宅建筑交易行业协会及 NPO 法人联合构建的官民协作支持体制,全方位展示热海魅力,实施陪跑型支持,促进年青一代扎根地方。"

从此,创新型街区建设和创业支持齐头并进的对策进一步落实,这也预示着一切将以超乎想象的势头发生变化。

街区建设的背景和行政支持

斋藤荣先生是 2006 年在 43 岁的时候就任热海市市长一职的。他就任之后,立刻发布了热海市财政危机宣言。于是,报纸等媒体立刻报道"这是第二个夕张市吗"(夕张市位于北海道中部),一时间热海成为全国的焦点。

之后,当地人反对市长的宣言,认为"这给热海的形象减分了"。于是,原宣言被撤回。但是,城市财政陷入危机却是事实。财政状况恶化,原本的积累基金几乎用尽。

以往热海市政府所走的路线是通过举办活动恢复游客数量,增加收入,而不是紧缩财政,削减支出。为此,出台了好几套观光振兴策略。但遗憾的是,任何策略都未能奏效。既然如此,那就先改变当前这种封闭的状况。市民的想法促成了与热海原本无缘的斋藤的当选。

斋藤市长主张财政重建,提出财政透明化。他的理念是官民各司其职。从这时开始,市民活动活跃起来,越来越多的人想要亲自做些事情。正好此时我自己也在热海开始活动,市长的理念让我有了信心。官民携手,热海正在发生显著变化。

而且,热海市启动了"观光战略会议"。通过这个会议确立了"热海市观光基本计划"。在计划中,描绘"长期旅居型世界疗养地"的愿景的同时,还提出了"全员参与的街区振兴""漫步在怡人的温泉疗养地""想再次前往的街区"等一系列方针。在会议上讨论了举办"温泉泊览会"的提案。热海市长以及观光协会、商工会议所、旅馆协会等主要团体的人士参加了观光战略会议。

在这次会议上提出的愿景、方针都是我个人非常赞同的，而且后来举办"温泉魔盒"活动时，也正是因为参加这次会议的观光业界的领导就方针达成共识，推动了活动的开展，为街区带来了巨大的变化。

在国家观光白皮书中提到的热海振兴的具体策略列举了"对财政危机等危机意识有共识，支持市长牵头的旅游政策"等。

财政重建的同时，推进民间的旅游城市建设，这是热海市的方针。但是，如果只有大的方针，而没有具体行动的话，城市街区依然不会改变。担负起具体活动任务的就是民间旅游活动，我们的活动也是其中之一，为街区的旅游事业作出了巨大贡献。

观光白皮书中还记录了另一个热海振兴的具体策略，"旅游行业对统一宣传的必要性达成共识，新顾客群体锁定年轻人"。

这些策略从斋藤施政的第二任期开始实施。关键人物是原副市长、经济产业省出身的32岁的田边国治先生。为了实现更全面的宣传，田边副市长积极构建并促进与市政府一线部门及街区领导的关系。而且，在他上任之后，热海市提出的政策在议会顺利通过。其主要原因是副市长积极促进与街区人们的关系，同时热海市议会中也有新一代人加入。对于我们这些从民间角度出发振兴热海的人来说，副市长是非常强大的支持力量。他对我们努力推进的创新型街区建设非常理解，并给予大力支持。

当时，30多岁的田边先生为了工商业、旅游业的发展，为了街区振兴事业，尽职尽责，推动了市政府与市民之间的交流沟通。从这个意义上讲，田边先生无论对于当时的热海街区，还是对于我们来说，都是不可或缺的重要人物。

2015年田边副市长的任期已满，离开岗位。继任的副市长是森本要先生。森本副市长也是经济产业省出身，是与田边副市长不同类型的人。和严谨的田边先生不同，森本副市长始终以领导者身份推动事业发展。为了创建新的产业，在林业方面也投入了很多精力。他对我们的各项事业都积极支持，使我们非常受益。

ATAMI 2030 会议

2016年6月,热海市主办的"ATAMI 2030会议——热海创新型街区建设构想讨论委员会"启动。自此,大约每两个月举办一次会议,每次会议有100多人参加。

这个会议与一般政府主办的会议主旨截然不同,它不是只说话不办事的人凑在一起,对行政事务诉苦的会议。参加会议的人包括在热海从事某项事业或活动的实践家,想创业的人,以及关注热海变化的人。会议现场每次都充满着热烈的气氛。

ATAMI 2030会议每次都设定一个主题。以往的主题包括"饮食与农业""林业与环保生活""海、山、自然改变工作方式""艺术、人与街区",等等。

每次会议的流程:首先由行政人员就这个主题中有关热海市的问题进行宣讲;其次是嘉宾介绍其他地区的实践经验;然后是本地参加过主题活动,有实践经验的人担任讲解员;最后是会议现场的意见交换。

讨论委员会共有十几位委员,由专家、不动产所有者、致力于街区建设的人士构成。会议可以自由参加,自由发言,在油管(YouTube)上公开播放。有人对我说,"我对热海感兴趣,来到这里参加了会议,然后决定移居热海","我感受到了热海的热情,想在这里开店"。

这个会议名字里的"2030"是 2030 年的意思。如果热海一直不做任何改变，那么 2030 年将面临比现在更加严重的问题。人口减少到高峰期一半，降至 2.7 万人左右，空房率超 70%。我们不能把 2030 年单纯看作是现在的延伸。我们要亲手创建不久即将到来的 2030 年的热海，描绘出她的未来，这是我们会议的目的。

我从开始活动时就把 2030 年作为目标之年。"我们要创建百年后依然生活富裕充实的街区"。我要找出一条街区可以持续发展的路线，以 2030 年为界，然后把接力棒传给下一代。

我自己从 2007 年开始从事了 10 年的街区建设，此时将告一段落。接下来要有一个新的开始。

第 9 章 各行各业的参与者打造热海的未来

创业者的摇篮——"创业支持项目 99℃"

"ATAMI 2030 会议"并不是凭空产生了这么多的参与者。它是清水先生主持的管家公司培养项目、热海管家私塾以及前面多次介绍的创新学校等活动项目的结晶。

另一个发挥了重大作用的是"创业支持项目 99℃"。它的全称是"99℃——Startup Program for ATAMI 2030",被视为建设 2030 年热海的创业者摇篮。开发这个项目的时候,得到了前面提到的东京 NPO 法人 ETIC 的协助。

99℃每周四晚举行 2—3 小时活动,共计 4 个月。与行政部门举办的讲座不同,在这个活动中,每周都一边打磨事业计划,一边进行宣讲、业务磋商。

邀请的讲师、事业顾问不仅是专家,而且都有亲自创业的经历,都有成功或失败的经验。

4 个月的时间,不仅要制订事业计划书,也要求完成创业的前期准备。然后在 ATAMI 2030 会议上发表其成果。

在 2017 年 2 月的会议上,25 名创业者进行了宣讲。

99℃重视的不只是创业。因为仅仅想创业谁都能做到,难的是如何排除万难坚持下去。做这种创业支持项目,仅仅局限于当时促成一家企业的诞生还远远不够。因此,我们的目标是进行可持续发展的创业。不仅培养出创业者,还要建立一个企业能够不断诞生并成长的生态系统。

以前我们也进行过地区创业者研究，我感到创业成功需要几个要素：要有一个处于同一阶段的创业者们的社区，而且要与创业者前辈有交往，还要与顾问、金融机构、房地产所有者、政府部门等各行各业打交道，建立关系网。只有处于这样的环境中才能保证企业不断诞生并成长。

所以，我们通过这个项目为大家创造条件与当地企业经营者、金融机构的朋友结识，而且让大家参加热海展销会等活动，与顾客接触，真实演练如何经商。另外，可以在我们管理的房产中试营业，全力支持创业者实践。

全国各地都有为创业者提供补贴、出人工费等政策。但是这些政策不能助力创业者的成长。因为对创业者来说，最需要的是支持他亲自创业的具体措施。

我的目标是，通过创业支持，2030 年之前在热海建立 100 多家新企业，创立销售总额超过数百亿日元的产业。

新生管家和创业者

通过 99℃、管家私塾、创新学校，新的街区建设参与者不断诞生。

有人依托林业，开始地产地销的能源事业；有人把祖父当作工作室使用过的旧民宅翻新，建成面向创作者的集训设施；有人从护理出租车事业起步，拓展到面向行动不便者的旅游事业；也有人经营餐饮店。

还有人重新利用别墅等闲置房产，从事不动产业务，为移居热海、追求个性化生活的人提供设计支持。这也是利用创业的力量扭转造成高空房率的市场失败的一种挑战。

从前热海就有很多高品质餐饮店，现在这个领域又出现了许多新的创业者。实际上，在热海这样的超高龄化城市，本来应该追求有益于健康的高品质丰富的饮食，但是至今为止，像有机产品等对健康有益的饮食文化始终没有建立起来。于是，有人想尝试通过送餐形式为别墅主人、移居者提供高品质饮食。这项实业如果发展起来，就可能为厨师带来新的市场。

而且，99℃项目不仅面向创业者，也支持挑战二次创业的创业者。虽然热海的游客数量有所回升，但是作为地方小城的热海，商业形势依然严峻。有人继承老店，为了生存，正在摸索新的支柱型行业。重振热海文化象征的老店,使其经久不衰,这也是街区建设的重要任务。接手经营困难的老店,从亏损状态起步创业的二次创业者也是这座城市需要的。

第9章　各行各业的参与者打造热海的未来

主动承担风险的不动产所有者

在重振热海银座的创新型街区建设中，不动产所有者是不可缺少的人物。我们株式会社 machimori 处理的热海银座创新案例中，有的是 machimori 承担全部投资，有的是与不动产所有者分担投资，也一起承担风险。除了我们公司直接、间接管理的业务外，也有一些是不动产所有者自己投资自己承担风险的。

比如，从热海银座徒步几分钟就能到达的渚町地区，就有两个这样的项目。

渚町是昭和初期利用挖掘隧道的土填海造出的街区。1950年（昭和二十五年）热海发生了火灾，大半热海街区被烧毁。但是渚町却得以幸免，所以现在木制店铺兼住宅依然鳞次栉比，遍布街区。昭和时代，这里生意兴隆、街道繁华，后来逐渐衰落。

尽管位于海边这样的好地段，但是酒吧、简餐厅这些主要夜里经营的商店陆续关闭，现在这里已经成为热海中心街区当中房租最便宜的地区了。

在渚町诞生了两个创业项目，一个是不动产所有者吉田奈生的 nagisArt 项目，另一个是同为不动产所有者的茶田勉的 Chause 项目。这两个项目分别是 2013 年第一期创新学校和 2014 年第二期创新学校的案例。

吉田女士亲自参加了创新学校，提出"渚町艺术街区构想"方案，并将提案具体化，打造工作室+住宅的 nagisArt 项目。

吉田女士的房产以前开了两家简餐厅，但是 10 年前两家简餐厅都关闭，变成了空店铺。店铺依然保持着开业期间的状态，一楼二楼都塞得满满的，根本没有下脚的地方。

以创新学校学员为主的 20 多人组成的团队先从打扫卫生开始，然后自己动手装修，又有不少人帮忙，终于收拾停当，可以利用了。

后来，美术学院的学生从 2013 年开始举办美术周活动，在这里住宿，又把这里当作展览会会场，他们通过艺术手段与当地人建立起了联系。之后，移居热海的艺术家居住下来，把这里作为画室。现在这里正在招募新房客，希望今后通过艺术为地区做贡献的人住进来，并且举办各种活动。

另一个名叫 Chause 的项目所用的房产是所有者茶田先生的老屋，他还把这里用作自己公司的办事处，办事处搬走之后，这里就空下了。他在创新学校制订的计划是把这里作为陶艺师的工作室。这个项目也主要是创新学校的人参与，并带来了一系列改变。现在这里有瓷器店和咖啡厅入驻。

另外，既担任株式会社 machimori 董事，又在武藏野美术大学担任兼职讲师的现代美术家户井田雄先生要以这里为基地，开展艺术活动、建公司、开工作室。

户井老师曾在热海举办了混流温泉文化节，这是和新潟、别府的温泉胜地共同举办的艺术活动。

从前遍布着简餐厅、酒馆的地区，如果一直抓住原有行业不做任何改变的话，就很难重振。当然，也是因为从前这些行业营造的氛围而孕育出了别具一格的风情，但是尝试与餐饮业不同风格的行业，吸引从事艺术、手工艺的人，建立起一个艺术创作环境的话，将给这个地区增添新的魅力吧。

总之，大家主动作出的改变对于地区振兴来说，是股强大的力量。

热海重新崛起背后的新老交替

无论是我们的活动顺利进行,还是热海市重新崛起,其中重要的因素是作为热海市动力的财政界领导层的新老交替。

我在前面讲过了热海市长、市议会的新老交替情况。实际上,新老交替在旅游业也发生了。

2008年,41岁的森田金清就任热海市观光协会会长,他同时是月栖热海聚乐酒店的总经理,也是观光战略会议成员。当初与他见面时,他对我说过:"每年多次举办的烟火晚会的确能够吸引客人,但我们难道要永远依赖烟火晚会吗?"他强调了旅游城市建设的重要性,这番话给我留下了深刻的印象。

观光协会与斋藤市长意见不一致时,媒体就大肆炒作。但是2007年森田先生参加了市长组织的旅游战略会议,热海市政府与民间的互相理解取得了进展。

后来,热海市的旅馆、商店、商业街等陆续完成了新老交替。

2014年,森田会长对我说:"来做副会长吧。"于是,我尽自己的绵薄之力担任了四年观光协会的副会长。

说实话,我几乎没有任何贡献,但是观光协会会长和其他副会长都是非常优秀的管理者,所以在任职期间,我亲身感受到了他们是带着强烈的社会责任感去思考街区的建设、旅游事

第9章　各行各业的参与者打造热海的未来

业的,这些对我来说都是非常宝贵的经验。

观光协会的最大变化是从前的收入来源主要是市政府委托业务和补贴,旅游振兴业务依赖预算。现在,协会的自主业务比例增加了。依靠税金维持是全国各地观光协会的现状,但是热海观光协会采取各种措施要摆脱这种现状。

观光协会2016年度决算显示,自主业务收入在金额上超过市政府补贴和委托业务收入。

另外,从前观光协会、旅馆协会、商工会议所,三家互不往来,但是现在,它们一致合作为热海振兴而努力。进入年青一代掌舵的时代,大家或许共有一种强烈的危机意识吧。

当我们这些35—40多岁的人注意到热海的不景气时,她已经衰落了很久。我回到老家之后发现这里的旅馆、商店的生意已经非常糟糕。于是,我们这一代人带着危机感,各自重振接手的业务。其中,也有人改行做别的生意。

比如,热海站前的仲见世大道商业街的变化就很大。20多年前,这条商业街漆黑一片。2003年,名叫"CAFE KICHI"的咖啡馆建成,后来,"树久远"面包店建成开业,商业街由此发生了巨大的变化。现在,许多时尚小店相继落成。而且,这些店也不全是外地人开的,当地人也开了许多新店铺。

2003年我刚步入社会的时候,在热海街区闲逛看到了CAFE KICHI,"热海也有这样的店了",我由衷地高兴。而这个CAFE KICHI也是一个闲置房屋再利用的典范,是把原来的仓库改建成了咖啡馆。

回顾从前,我不由得感慨,今天热海的振兴正是这些创业者扎扎实实努力的结果。从热海处于低迷的 2000 年左右，这种改变就悄悄地开始了。经过了压抑的时代，终于在 2011 年能够看到一点效果了。

在热海，无论是观光协会，还是商业街、旅馆，新老交替都进展得非常顺利。我觉得上一辈的支持起到了至关重要的作用。比如，在某个商业街，上一辈一鼓作气将领导权交给下一代，完成了新老交替。据说他们顶住了老一辈的反对，坚持让年轻人接手工作。观光协会也是如此，我们得到了前辈的大力支持。如果没有前辈的支持，很多事业无法开展。不仅是热海，全国各地都是如此。明明必须改变，却无法改变的时候，究其原因，无非就是上一代施压，年青一代在重压之下无法开展工作造成的。

但是在热海，上一代不妨碍新人，反倒大力支持协助，所以新老交替顺利完成。这或许是热海自古流传的良好风气，从前的热海就曾借助外来新人的力量发展起来。

正式准备迎接 2030 年

热海逐渐发生变化,办事处增加,热海银座等中心街区的地价不再下跌。空店铺减少,新店铺增加。住宿人数增加,整个街区正在恢复以往的繁荣。地区开始新老交替,我们得到了新领导的协助支持,街区建设活动渐渐呈现出效果,为街区带来了明显的变化。

旅游景点、度假区的价值提升是今后的工作重点。要在 2030 年把热海建设成为得到世界认可的城市街区,我们要做的事情还有很多很多。比如,作为旅游城市的热海应该具备独到的儿童培养范式和教育方式。另外,对于一个旅游城市来说,非常重要的是地区的饮食文化和优质的饮食内容。热海在饮食方面还有很大发展潜力。伊豆半岛有着丰富的食材。在东京看来,热海是静冈县的门户,静冈县生产的食材种类居日本首位。充分利用这些食材,把热海、伊豆、静冈县独有的饮食都由热海制造出来,让全世界因为饮食认识热海。

今后如何把热海打造成一个"居于旅游与移居之间、拥有丰富多彩生活方式的城市"是非常重要的。

在呼唤工作方式改革的背景下,在地方城市工作或者偶尔改变工作地点,一段时间在地方城市工作等多样化的工作方式将推广开来。

我想研究如何构筑地区与企业的良好关系。从前我的老家因为疗养所的突然撤出而迅速衰落。作为"热海外资"的企业只是进入这个地区，情况一旦不好马上撤资。这种情况对于地区发展非常不利。为了避免这种情况，我想通过开发实际业务，构筑并发展一种对企业和地区都有益的关系。完全可以想象未来有创造力的企业把本部或分部搬到热海。

不仅仅是工作方式，我们还应该追求生活方式的多样化。以往都是有钱又有时间的老年人在热海买别墅，未来我想创造出一个二三十岁的年轻人也可以理所当然地来热海过周末的环境。

要营造这样的环境，不仅需要招待所，还需要更多样的住宅和办公方式。住宿方式也应该更加多样化。我们启动 guest house MARUYA 时，其实已经有了未来的构想。MARUYA 不是凭借一家旅店就完成使命，也不是盲目扩大规模。

热海在江户时代有称作汤户的 27 家旅馆。它们使用热海中心的大汤温泉，这种设立室内温泉的旅馆在当时是具有划时代意义的。当时公共浴池是最为常见的，但是这 27 家旅馆都设有室内浴池。供达官显贵住宿的高端旅店出现在热海，这种走高端路线的新型商业模式的诞生之地就是热海。

今后的热海不只是走高端路线，锁定追求高性价比的创意人群也非常重要。这类人群在亲近街区、了解体验街区文化的过程中才会感受到其价值。因此，街区文化的创建至关重要。

就像从前的汤户创造了新模式那样，今后作为旅游城市的热海应该创造出新型住宿模式。那么，这种新型模式应该是什么样的？

我的答案是："以 MARUYA 为中心，把 27 家旅馆分散开来。每个旅馆可以不必很大，充分利用空房和废弃的小型温泉旅馆，运用网络，创造出多种住宿方式。而且，把它们与温泉设施、餐饮店结合起来，好像整个街区就是一个大的旅馆一样。既可以短期逗留，也可以中长期居住。如果喜欢这里，长期住下来也没问题。这就是我想要创造出来的多样化居住模式。"

我了解到整个街区成为旅馆的模式已经在意大利出现，正在以"分散宾馆"的方式推广。有着同样价值观的朋友以及关注热海街区建设的嶋田洋平先生、大岛芳彦先生、中村功芳先生等，一起于 2017 年启动了一般社团法人日本街区旅馆协会这一全国性团体。

我希望有这种价值观，有志通过旅馆振兴街区的人越来越多，并且提议制定与之相符的法规制度。

目标是货真价实的度假区

我们的株式会社 machimori、NPO 法人 atamista 刚开始活动时预算很少，活动启动资金都依靠政府补贴、政府委托业务等税金。现在销售额终于超过 1 亿日元，我们的活动经费大半来源于自己赚的钱，可以说终于自食其力了。

我们在思考热海未来的旅馆、温泉设施以及提供饮食的餐饮店的模式，想尝试在当地建立新型服务业。

我们本身也想从事住宿、温泉、饮食等新型行业开发。街区建设就是创建街区文化，这也是思考新型行业的挑战。

而且，借此机会，创造出热海粉丝，同时培养出在热海工作生活的人，以此实现百年后依然充实富裕的街区。

我认为度假区的本意是"再次前往的地方"。我们要从现在开始努力把热海打造成"再次、多次前往的度假胜地"。

第9章 各行各业的参与者打造热海的未来

第9章介绍的"成功要素"

- 街区的不动产所有者参加创新学校,开始创业,并承担风险。
- 对大众负责的政府部门和有社会责任感的民间人士携手合作,变化迅速。
- 只有创造出适宜创业者生存与发展的环境,才能掀起创业热潮。
- 对热海市财政危机宣言中提到的危机有共识,并且支持战略方针,街区变化由此开始。
- 热海振兴的背后是参与者的新老交替和街区居民改变自我的努力。
- 上一代支持新老交替,成为年青一代的坚强后盾。
- 街区建设没有成功和终点,要始终着眼未来拿出可行方案。

结语　城市自立，共同繁荣

▶ **外地人创造了热海魅力**

热海这个地方有外来人把她发展起来的历史。

在江户大名成为华族的明治时代，热海首先作为他们的别墅区而发展起来。后来，许多政治家、作家陆续在这里建起了自己的别墅。从前的热海与其说是温泉胜地，不如说是别墅区。

而且，现在的老字号旅馆的经营者多数也是江户时代、室町时代等某个时代从外地来到热海的。

如果追溯热海的历史，可以说外地人带来了新文化，并且与当地文化相融合，而形成了现在的街区文化。

热海街区是有历史的。在热海的来宫神社的参拜大道上有一个大汤温泉，它的周围建成了热海的街区。经过很长的岁月，原来的参拜大道变成了名叫"热海银座"的商业街。

而且，现在的小巷咖啡馆里有80多岁的老板，还有90多岁的老母亲开的爵士咖啡馆。沿着小巷再走一会儿就是从前烟花巷的建筑，保留着昭和时代风情的街道一直延伸下去。

这样的历史自然地积淀下来，形成街区的文化，经过岁月的洗礼，不断变化、积累，最终成就了街区的魅力。

在这个街区能够遇见各行各业的人。去酒馆的话，能够遇到许多当地人。有时，或许某家大企业的总经理就夹杂在醉酒客人当中。你也能直观了解那些正处于人生低谷的人。

热海街区真的是一个具有多面性的地方。各种各样的人有各种各样的生活方式，自由随性。人们不把生活与工作分开，不把私事与公事分开，在无界限、融通无阻的时光中生活……希望迷恋上热海魅力的人越来越多。

我们祈盼其他地方城市街区也有不输热海的魅力，不断振兴，长期繁荣。我们依然还要继续建设热海的街区。

▶ 2030年的热海和日本

2030年，热海实现自立。这是我设想的未来，今后地方城市如何实现自立非常重要。自立不是孤立。而且，也不是热海独善其身、实现自我繁荣。日本各地都实现自立，像江户时代的藩那样自立，相互促进，共同提高。我希望达到这样的状态。

为此，首先要实现热海的成功。然后对全国各个地区产生影响。如果全日本自立的城市增加，整个日本将以不同于以往的形式持续繁荣。不是建造和热海同样的城市街区，而是各个城市充分利用各自地区优势自立起来，并且与其他城市取长补短、互相交流。

在国内或许可以进行小规模精细的贸易，各地区的人们可

结语 城市自立，共同繁荣

以构建良好的往来关系。这也许是一种新型的旅游模式。希望在日本乃至全世界建立人们能够彼此面对面交流的街区。如果在这种交流的过程当中，热海文化得到了进一步升华，那么很有可能吸引来自世界各地的客人到访。

▶ 一个人改变一个街区、一个社会

谨以此书把实施中的热海振兴策略以及我们至今为止的经验和收获一并介绍给大家。

热海振兴尚未完成，未来仍将面临各种挑战。我相信热海的经验能够对日本全国许多衰落街区的振兴起到一定借鉴作用，所以我把自己的经验和盘托出。

街区建设并不是单纯毁掉旧街区，也不是抓住旧的不放，而是用新的价值观发现并发挥街区优势。这才是真正的创新型街区建设。

日本的地方城市都有各自独特的历史、自然、文化。以新视角重新看待这些个性化的东西，很可能就发现了开启街区振兴的钥匙。

为了搞活街区这个地方社会，通过创新发挥街区优势、从事商业活动，这种街区建设在日本所有地方城市都能做到。

但是，创新型街区建设也只不过是街区建设的手段之一。街区建设策略、街区建设创业中尽管有很多明显的失败案例，可以作为前车之鉴，避免踩雷，但是却没有获取成功的灵丹妙药。

而且，解决方案和窍门儿的背后是可行性的前提和背景。不理解背景的话，即使侥幸地取得了暂时的成功，未来也不会发展顺利的。

因此，我尽己所能、毫无保留地写出来的不是解决方案和窍门儿，而是我的全部经验。我希望大家从街区建设的整个过程中有所领悟和感受。

但是，老实说，我也想告诉大家读了本书之后不要效仿。我没有什么了不起的方案和赚钱之道，只是凭借一腔热血勇往直前，举办活动，进行创业。回顾十多年来坚持走过的路，我感到自己真是任性行事。如果给十年前的自己一句忠告的话，我会说："从更能赚钱的事情做起，否则无法持续。"

我坚信，无论发生什么，无论碰到什么样的困难，我都决不会放弃热海街区建设。但是，我并不是说没有我这样的态度就不能进行街区建设。我反而认为牺牲了自己和身边的人做某件事情的话，最终不会带来好结果。

改变街区需要时间。因此，为了愉快地坚持下去，赚钱赢利非常重要。

街区建设虽然花费时间，但是能够实现自己描绘的蓝图。即使只有一个人开始行动，也可以对街区有所影响。虽然只靠一个人的力量改变不了什么，但是哪怕一个人，只要开始的话，就会逐渐出现许多有共鸣的人。

首先，鼓起勇气，号召大家一起开始行动吧。发现了问题或可能性，就行动起来。我们有责任去发现问题，大家都要担负起这个责任。担负责任的同时，你可能有超乎想象的收获。

然后，拿起想象的画笔，尽情描绘宏伟的蓝图。思考是自由的，对未来的想象力是重要的。

不过，无论怎么想象，我奉劝大家第一步要尽量迈得小一些。一直停留在思考阶段永远不会有所改变，行动起来才可能改变。但是，如果步子迈得过大，有时会受伤，所以迈出的第一步要保证自己即使摔倒也能再爬起来。正所谓志存高远，脚踏实地。

我衷心希望有更多的朋友读了我的书之后，迈出第一步。